企业存货资金占用与管理模式研究

周 莉 李辰颖◎著

QIYE CUNHUO ZIJIN
ZHANYONG YU GUANLI
MOSHI YANJIU

中国财经出版传媒集团
中国财政经济出版社
·北京·

图书在版编目（CIP）数据

企业存货资金占用与管理模式研究 / 周莉，李辰颖著. -- 北京 : 中国财政经济出版社，2024. 12.

ISBN 978-7-5223-3194-2

Ⅰ. F275.1

中国国家版本馆CIP数据核字第2024TF2442号

责任编辑：董小烨　　责任校对：徐艳丽

封面设计：孙俪铭　　责任印制：张　健

企业存货资金占用与管理模式研究

QIYE CUNHUO ZIJIN ZHANYONG YU GUANLI MOSHI YANJIU

中国财政经济出版社 出版

URL：http：//www. cfeph. cn

E－mail：cfeph@ cfeph. cn

社址：北京市海淀区阜成路甲 28 号　邮政编码：100142

营销中心电话：010－88191522

天猫网店：中国财政经济出版社旗舰店

网址：https：//zgczjjcbs. tmall. com

北京厚诚则铭印刷科技有限公司印刷　各地新华书店经销

成品尺寸：170mm×230mm　16 开　8.75 印张　106 000 字

2024 年 12 月第 1 版　2024 年 12 月北京第 1 次印刷

定价：58.00 元

ISBN 978－7－5223－3194－2

（图书出现印装问题，本社负责调换，电话：010－88190548）

本社质量投诉电话：010－88190744

打击盗版举报热线：010－88191661　QQ：2242791300

参与本书编写的其他相关人员：

刘轩羽　尚莹莹　梁　言　赵　蕊　许景晨　李雪静

肖慧萍　孟　懿　邓雪佳　孙　贺　杜学贤　齐柳茜

齐卓雅　崔　冰

前　言

本书依托教育部学校规划发展建设中心举办的第一届“百校百题”应用型创新课题（财税领域）大赛成果撰写而成。这次大赛全国有282所高校的390支队伍参赛，本书所依托的研究课题在大赛中荣获华东赛区复赛一等奖以及全国总决赛铜奖。

本书以案例公司存货资金占用与管理模式为研究主题，讲述了我国汽车保有量不断攀升，汽车配件逐渐成为汽车产业链获取利润的主要环节。但由于汽车型号各异，其配件玻璃存货类型多达2万多种。因此对品种繁多的存货制订合理的采购计划和有效的分类管理，对汽车玻璃企业的资金周转和日常运营至关重要。针对企业存在库存量大、存货资金占用量大的问题，本书基于大量的实地调查以及专家座谈，提出玻璃归类与分类管理模式，即对进口玻璃采用“零库存”管理模式；对镀膜玻璃采用汽车销售量与集团生产量二维模式，符合销量高的、集团有生产条件的玻璃类型可以备货；普通玻璃相对于镀膜玻璃和进口玻璃来说单位价值较低、种类繁多、库存量大，应进行ABC分类管理。本书在分类建立模式的基础上，进一步构建需求预测模型，以需求来定采购；采购方案包括定量不定期订货模型与定期不定量订货模型，分别采用这两种模型计算普通玻璃的采购量，既能减少存货积压又可以避免缺货情况的发生。本书还为该企业设计了存货管理系统框架，为其存货管理数据化与信息化系统的进一步完善提供借鉴。本书选择企业典型存货对两种模型进行了结果测试，按照设计方案，发现在定量不定期订货模型下，企业总成本减少；在定期不定量订货模型下，企业的运输成本有所增加，但其库存量和储存成本大量减少。其中，C6A6 的新库存比原库存节约 60.8%，C7A6 的新库存比原库存节约 77.8%。企业现有的仓储、资金运作等条件下，更适用定期不定量订货模型。

本书分为 6 章，第 1 章，引言。介绍本书研究的背景、意义，在相关文献回顾的基础上，建立本书的研究目的、研究内容、技术路线与方法；第 2 章，概念界定与理论基础。对本书的关键概念予以界定，并介绍本书的理论基础；第 3 章，存货资金占用分析。在介绍企业概况的基础上，进行存货的品种与成本分析，并分析归纳存货管理存在的问题；第 4 章，存货管理模式与方案设计。在存货归类的基础上，区分普通玻璃、进口玻璃与镀膜玻璃，分别建立 ABC 分类管理模式与经济订货模式、“零库存”管理模式、汽车销售量与集团生产量二维模式，根据不同模式形成库存管理方案；在此基础上，进行了存货信息系统框架设计。第 5 章，方案效果测试。选取企业典型库存产品，通过定量不定期订货模型与定期不定量订货模型进行效果测试，并从成本与价值两方面进行测试结果对比，与企业沟通后进行效果反馈；第 6 章，结论。

本书提出的分类存货管理模式以及针对量大品类多的普通玻璃，改变以往采用经济订货量模型，发现定期不定量订货模型的适用性，研究方案实现了对该企业玻璃存货成本的大幅降低，减少存货资金占用，形成有效的管理模式。

本书是少有的专注于企业存货管理模式的实践用书且研究结论得到了企业单位的赞赏和肯定，具有很强的实用性，突破了以往以研究理论为主而不能付诸实践的局限。从理论到实践对经济订货模型优化，以减少企业资金占用；建立企业存货分类管理模式，提高其管理效率，为企业存货系统优化与数智化发展提供底层数据。本书也反映了研究项目组的理论突破与前瞻性的创新思维，对企业降低成本、增加利润，实现可持续发展具有重大价值，为当前政府“去库存”和进行库存优化的政策提供依据。

本书的受众是企业库存管理的理论研究者与实践者，从事相关教学的研究者与实践者以及相关企业；适用于管理会计学、财务管理学等相关存货管理的教学，适用于研究生、本科生以及其他读者对存货管理的深入学习，适用于存货数量多且类型庞杂的企业，尤其适用所属汽车玻璃行业的企业对企业存货进行系统管理，也适用于政策制定者对制定、优化和完善相关库存政策进行研究。

寄望于读者，在读完本书后，能有所收获。

周　莉

2024 年 7 月 1 日

目　录

第 1 章 引 言

1.1 研究背景

2017 年 4 月 25 日，工业和信息化部、国家发展改革委、科技部联合印发了《汽车产业中长期发展规划》，提出了我国汽车产业“力争经过十年努力，迈入汽车强国行列”的总目标。为推动我国新能源汽车产业高质量可持续发展，加快建设汽车强国，2020 年出台《新能源汽车产业快速发展计划（2021—2035 年）》（国办发〔2020〕39 号），指明我国新能源汽车为世界经济发展注入新动能，并进入加速发展新阶段。同时规划力争经过 15 年的持续努力，我国新能源汽车核心技术达到国际先进水平，质量品牌具备较强国际竞争力。2022 年，《商务领域促进汽车消费工作指引》（商消费发〔2022〕92 号）等政策的出台，不断推动新能源汽车的普及，为消费者提供了一系列优惠政策，以此来巩固市场的发展势头。这不仅促进汽车行业规模的进一步扩大，也提出了对汽车行业进行产业结构升级的要求。

《汽车产业中长期发展规划》要求，夯实零部件配套体系，做大做强自主品牌，推行智能网联技术，同时加快发展汽车后市场及服务业的发展。继续强化深化国产替代趋势，促进零部件企业向集团化、高端化、国际化方向发展，到2025年，形成若干家进入全球前十的汽车零部件企业集团。2021年7月1日国家发展改革委印发了《“十四五”循环经济发展规划》（发改环资〔2021〕969号），助推新能源汽车零部件循环利用体系构建。规划部署了“十四五”时期循环经济领域的五大重点工程和六大重点行动，其中重点强调要加强汽车生产、进口、销售、登记、维修、二手车交易、报废、关键零部件流向等信息互联互通和交互共享。2023年10月12日，商务部等9部门联合发布《关于推动汽车后市场高质量发展的指导意见》，提出要优化汽车配件流通环境。提出制订实施汽车后市场配件流通标准、鼓励发展连锁经营等配件流通模式，推动汽车配件流通规范、透明、高效发展。促进汽车维修服务提质升级，发展汽车绿色维修、提升汽车维修数字化服务能力。一系列政策的出台，为汽车后市场的发展带来了政策机遇和现实挑战。

根据中国汽车工业协会（以下简称“中汽协”）2024年初发布的汽车相关数据，2023年我国汽车产量为3016.1万辆，销量为3009.4万辆。同时，2012—2023年我国私家车保有量逐年上升，2023年已经达到29427万辆，上升态势明显（如图1-1所示）。在这种情况下，预计2024年我国汽车总销量将超过30000万辆。汽车保有量的不断增长，也带动了汽车后市场规模的不断扩大。根据中汽协等机构发布的数据（如图1-2所示），除疫情时期，2013—2024年我国汽车后市场规模不断增加，2023 年达到 15900 亿元（不包含汽车金融），较 2022 年整体增长约 31.4%，比疫情前 2019 年增长 10.41%，并预测在 2024 年超过 17400 亿元。作为汽车后市场的重要组成部分，汽车玻璃行业的发展潜力巨大。

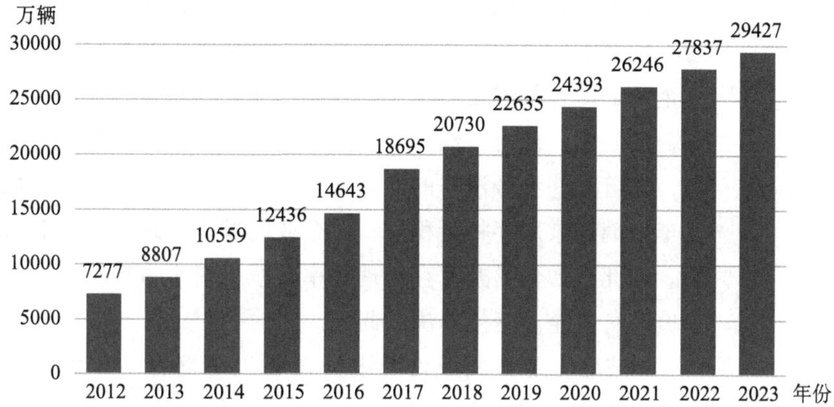

图 1－1　2012—2023 年中国私家车（汽车）保有量

数据来源：中汽协、国家统计局、艾媒行业报告。

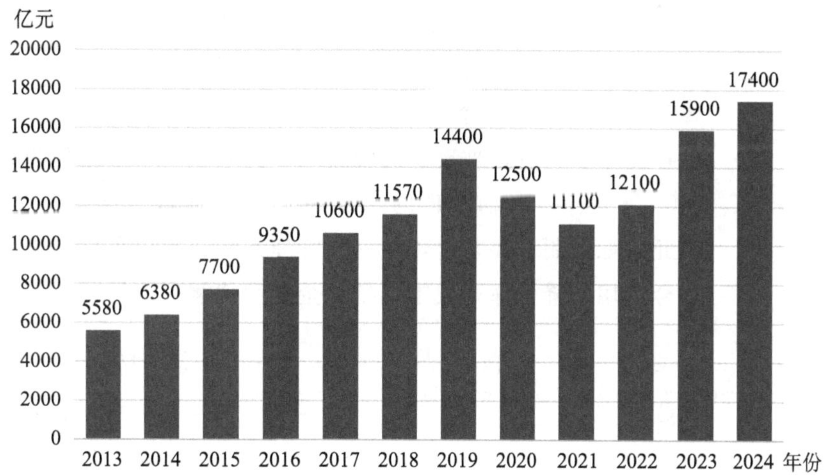

图 1－2　2013—2024 年中国汽车后市场规模

数据来源：中汽协、国家统计局、艾媒行业报告。

但是，汽车玻璃行业的库存管理存在较大压力。由于汽车型号众多，而一种汽车玻璃只能应用于一种型号的汽车，这种行业的特殊性也决定了汽车玻璃的不可替代性。随着汽车更新换代速度的不断加快，汽车玻璃的制造商和销售商需要生产和销售不同型号的汽车玻璃，以满足市场对汽车玻璃的不同需求。因此，在无法准确预测市场需求的情况下，相关企业的库存管理压力较大，容易出现库存积压并占用大量资金的问题。同时，汽车行业的快速发展，汽车型号层出不穷，随着某些型号汽车的逐渐减少甚至消失，与之相对应的汽车玻璃剩余库存将会积压，对企业的成本管理产生不利影响。因此，如何提升库存管理效率、减少资金占用，成为汽车玻璃行业企业亟须解决的问题。

F 玻璃工业集团股份有限公司（以下简称“F 集团”）是我国集汽车玻璃生产销售于一体的汽车零部件龙头企业。BJF 玻璃有限公司（以下简称“BJF”）是 F 集团的经销商，也是 F 集团华北配件分销中心。企业基本情况及与产品的关系详见图 1－3。在与企业相关负责人的座谈中，笔者了解到，库存积压、存货资金占用量大是其存货管理中存在的主要问题。2016 年，企业的流动资产总额约为 4500 万元，其中存货主要为进口玻璃、镀膜玻璃、普通玻璃，总金额约为 2800 万元，占流动资产的比重为 62%，存货占比水平高。因此，如何制订科学合理的存货管理方法，减少存货造成的资金占用，降低库存成本，是该企业亟待解决的问题。

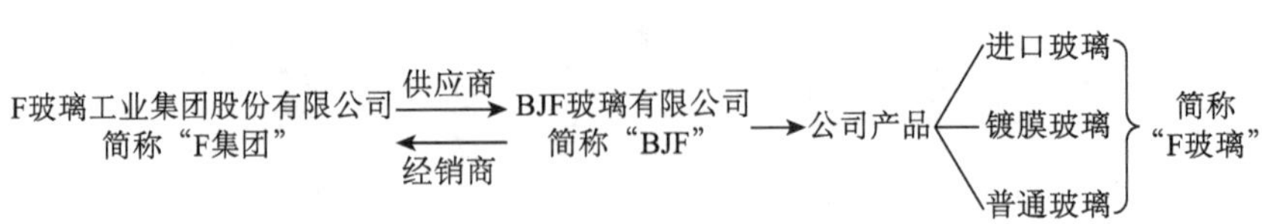

图 1－3　企业与产品关系图

1.2 研究意义

本书的研究意义主要体现在理论意义、现实意义与政策意义三个方面，具体分述如下。

1.2.1 理论意义

企业存货管理是企业管理理论的重要组成部分。深入研究存货管理模式，可以进一步丰富和完善现有的管理理论体系，为企业管理提供更加科学、系统的理论指导。同时，该研究不仅涉及运营管理学，还与经济学、财务管理、信息系统学等多学科紧密相关。深入研究企业存货管理模式，有助于产生多学科交叉融合的创新性研究思路和方法，从而推动学科的交叉融合，对理论创新具有重要意义。

本书针对企业庞杂的库存产品型号，对其不同产品进行归类，并根据其特点设计不同分类存货管理模式，不仅能提升企业自身运营效率，还进一步推动供应链和物流管理理论的发展。

本书在对案例企业的存货现状以及相关管理方法的研究中发现，该公司的存货管理方法比较单一，缺乏合理的存货需求预测以及订货依据。针对这些问题，本书依据企业实际情况，尝试设计针对库存量大、占用资金成本高的普通玻璃的管理模型，设计了定量不定期和定期不定量两种订货模型，并修正传统的经济订货批量模型，进一步将两种订货模型的研究结果进行对比，模型的拓展丰富了已有的存货订货量模型，其模型的理论适用性研究，进一步完善了存货订货理论，为企业科学管理存货提供了决策支持模型和理论依据。

1.2.2 现实意义

针对目前汽车玻璃行业玻璃型号庞杂、库存高且订货不合理而导致的资金大量占用的管理现状，本书针对不同类型玻璃的特点分别提出的管理模式，对于案例企业提升存货管理效率、降低存货资金占用，具有重要现实意义。从案例企业的角度来看，本书以奥迪 C6A6 和 C7A6 两种型号的汽车玻璃为例，对汽车玻璃进行需求预测，为该企业制订了合理的订货模型，为其提供准确的存货信息和决策依据，有效加快了企业存货周转，为企业解决库存积压、存货资金占用等问题提供了有效方案。

本书研究存货管理模式，有助于企业实现库存周转率的最大化，减少资金占用，降低运营成本；进一步建立科学的库存预警机制，及时发现和解决库存问题，降低库存风险。本书能帮助企业制订更加科学的采购、生产和销售计划，通过数据分析精准预测市场需求，确保企业及时响应客户需求，提高交货速度和产品质量，提升客户满意度，实现企业优化资源配置。研究订货模型，还是企业数字化转型的重要组成部分。通过引入先进的技术手段和管理系统，企业可以逐步实现运营的自动化和智能化，提高企业的市场竞争力。同时，通过减少资源浪费和降低环境负荷，企业可以更好地履行社会责任。因此，企业订货模型与存货管理模式的研究，对企业提升管理效率、降低成本、增强决策支持系统、加强供应链协同、推动数智化以及可持续发展都具有重要的现实意义。

1.2.3 政策意义

合理的存货管理是宏观经济稳定运行的重要保障。政府通过政策手段推广科学的存货管理方法，有助于减少企业库存积压，降低资金占用，降低企业库存风险。因此，企业存货管理模式的研究，对引导企业规范管理，促进产业升级，维护和保障经济的平稳运行具有政策意义。

本书提出的不同存货订货模型以及存货管理模式的选择，可以帮助政府制定相关政策，引导企业采用先进的存货管理模式，从而规范企业运营行为，提高整个行业的运营效率。

本书对于整个汽车后市场企业的存货管理具有重要借鉴意义。对于汽车备件企业而言，汽车备件种类繁多、数量巨大，属于高存货行业。汽车备件库存过多，会造成库存积压和库存投入成本增加，不利于企业的发展；汽车备件库存过少，不能满足企业正常经营的需求，会降低客户服务水平。高效的汽车备件库存管理是汽车备件企业降低汽车备件库存投入成本、提高客户服务水平和增强市场竞争力的关键。因此，本书提出的库存管理方法能促使汽车备件行业采用现代化的存货管理系统，促进零部件企业向集团化、高端化、国际化方向发展。进一步推动相关产业的发展和升级，提高整个产业链竞争力，对现有政策的制定和完善具有一定支撑。

1.3 相关文献回顾

企业存货管理是企业财务管理中的重要组成部分，它直接影响企业的资金流动性、成本控制以及市场响应速度。有效的存货管理能够帮助企业降低成本、提高资金使用效率，并确保供应链的稳定性。然而，企业在存货管理过程中常常会遇到各种问题，这些问题的存在不仅会占用企业宝贵的资金，还可能影响企业的运营效率和盈利能力。在对企业存货管理问题进行文献回顾和总结时，本书将重点对企业存货管理存在的问题、企业存货资金占用等文献进行回顾和总结。

1.3.1 企业存货管理存在的问题

众多学者针对当前存货管理存在的问题进行了研究。学者们普遍认为，当前企业存在的存货管理问题主要有库存积压、存货管理模式落后、存货管理意识薄弱、存货管理岗位职责不清、制度不健全等问题。有学者认为，企业不考虑市场大量囤货、存货内部控制制度不健全、信息流和物流不一致造成的存货库存不实，是目前企业存货管理存在的主要问题，(李健，2015；赵昶，2024) 并提出运用“零库存”存货管理决策模式，解决企业存货积压严重的问题（沈艾林，2016；王凤娟，2017)。也有学者认为，存货管理风险管控不当与存货管理模式落后，是存货管理的主要问题（何俊泠，2017)，并提出集成化管理模式，认为企业存货管理的优化需要通过供应商管理、用户存货管理、联合存货管理、多级存货优化与控制等具体的存货管理方法来实现（于云波，2012)。

此外，学者对多行业存货管理进行了研究。建筑行业存货资金占用量持续扩大，导致建筑企业资金周转压力大的问题尤为明显（戴国华，2015)。要加强制造企业需求计划管理、库存呆滞、冗余物料识别和清理；加强业务部门的沟通协作；建立和完善企业存货改善管理跟踪机制，以解决制造企业存货管理问题（阮春雨，2024；沈东山等，2015）。对农林牧渔业企业的存货管理实证研究中发现，存货管理是该行业营运资金管理的难题，存货管理绩效下滑是现金周转期指标下滑的重要原因（王竹泉等，2012）。国有林场的存货管理制度不健全是导致林场资金压力的主要原因（黄光银，2016）。

1.3.2 企业存货资金占用问题分析

学者们普遍认为，企业存货管理不善，直接导致了存货资金占用问题，严重影响了企业的资金周转。这方面的文献主要集中在存货资金占用的原因、影响及对策等内容。

关于存货资金占用的原因，学者们解释的侧重点不尽相同。有学者认为存货管理制度不完善，是造成小微企业资金短缺的重要原因（张新吉，2012）；企业缺乏合理的内部控制制度，是导致企业存货资金占用的主要原因（王丽莉，2011；张陆燕，2016）；也有学者认为，管理层缺乏对存货管理的重视、企业缺乏创新能力、企业存货损毁处理滞后，是导致企业存货资金占用的原因（陆育泓，2017）。

关于存货资金占用的影响，学者基于对不同行业的研究基本得出一致结论。李才昌（2015）和王爱卫（2017）研究了商贸企业，宋永梅（2013）研究了地勘企业，秦路等（2016）研究了出版行业，苗年立（2016）研究了制造业企业，他们均认为存货积压是公司资金使用不合理的表现之一，占用了公司的流动资金，降低了企业资金的使用效率。与此同时，马文华（2019）认为，高额的库存管理费用制约了企业盈利能力，并且存货占用企业过多流动资金，影响企业资本结构。此外，田小平（2016）在研究企业库存控制模式改革对企业流动资金的影响时指出，在企业的流动资金管理过程中，陈腐的库存管理模式多是重方式而轻实效，由此导致企业流动资金匮乏，使企业资金长期被占用的同时，也会增加企业库存资源的控制难度。Karamshetty（2022）通过研究医疗机构的库存管理实践得出结论：企业目前库存管理存在的主要问题是资源限制（时间/人力资源）和管理问题（相关技能和系统）等，供应商供应不足和库存管理动机是相对较小的问题。

对企业存货资金占用问题的对策研究，则主要集中在确定合理的采购量和采取科学的存货管理方式这两个方面。王丽莉（2011）、李九妮（2016）提出要完善内部控制制度，采用适合于本企业的订货方法、先进的管理方法，并依据实际情况采用合理的存货计价方法，并健全存货的出库制度；王伟（2014）则认为相关工作要综合考虑企业的订货成本、采购成本和储存成本；王凤娟（2017）提出利用数学模型确定经济订货批量，巩固和提高企业市场占有率，做到按需生产、生产就近销售等措施来控制存货占用的资金。此外，裴小兵等（2013）、胡文明（2014）、王凤娟（2017）提出运用“零库存”管理模式，解决存货资金占用量大、周转速度慢的问题，提高企业资金利用效率，最大限度降低库存成本；李九妮（2016）则强调对存货进行分类管理、提升管理人员的综合素质，而王凤娟（2017）也提出了对库存商品实施 ABC 库存控制的建议。除了对库存管理模式的建议，也有学者从精益生产和精益会计方面进行研究。梁结珍（2012）指出，精益生产能够减少单位库存，进而降低存货资金占用，减少单位管理和运营成本，从而实现成本的最低化和利润的最大化。裴小兵等（2013）认为，应在精益会计体系下提升对存货的认知，如从价值流成本核算出发，对企业资金利润率进行分析。Tongxia Li 等（2024）通过研究 1970—2021 年美国制造商样本，实证证明制造商可以通过增加组织资本提高库存效率，从而获得更好的公司业绩。

1.3.3 文献述评

在现有文献中，学者们已经对企业存货管理存在的问题和存货资金占用等进行了广泛的研究。存货管理是企业运营中的关键环节，而存货积压是其中的一个重要问题。学者们普遍认为，存货积压的原因主要包括：首先，企业购销内部控制制度不健全，导致存货采购和销售的决策缺乏有效的监督和控制；其次，存货管理人员素质较低，管理水平不高，这直接影响了存货管理的效率和效果；最后，库存管理模式过于陈旧，未能适应市场变化和企业发展的需要。

存货积压带来的首要问题就是资金占用问题，这直接影响了企业营运资金的周转效率和财务健康。为了解决这一问题，学者们提出了多种对策，包括：首先，建立健全的购销内部控制制度，以提高存货管理的规范性和透明度；其次，提高管理人员的素质和专业水平，通过培训和教育提升其管理能力；再次，运用科学、合理的方法确定经济批量，以减少存货成本并提高存货周转率；最后，改变传统的存货管理方式，引入如 ABC 分类管理、零库存管理、精益管理等现代管理方法。

然而，从文献整体情况来看，尽管关于存货管理、存货资金占用等问题的研究较为丰富，但很少有文献专门针对特定行业，如汽车玻璃行业的存货管理进行深入研究，尤其是针对汽车玻璃的销售企业。不同行业、不同企业的运营模式、市场环境、产品特性等都有所不同，这些差异性要求存货管理的研究必须更加具体和有针对性。

因此，存货管理的相关研究有必要根据企业的实际情况来开展，特别是对于那些具有特殊性或者行业特性较为明显的企业。例如，在汽车玻璃行业，产品更新换代快、市场需求波动大、供应链复杂等特点，都要求企业在存货管理上采取更为灵活和创新的策略。此外，技术的发展，如物联网、大数据分析、人工智能等新兴技术的应用，也为汽车玻璃行业等特定行业的存货管理提供了新的思路和工具。

综上所述，未来的研究应当更加注重行业特性和企业个性，深入分析特定行业存货管理的特殊需求和挑战，探索更加适合自身需求的存货管理策略和方法。同时，也应当关注技术进步对存货管理的影响，不断吸收和融合新技术，以提高存货管理的智能化、精准化水平。通过这样的研究，可以为企业存货管理提供更加切实有效的指导和帮助，促进企业运营效率的提升和财务状况的改善。

1.4 研究目的与内容

1.4.1 研究目的

由于企业经销的汽车玻璃种类高达两万多种，部分型号的汽车玻璃库存积压严重，对企业的资金周转、成本控制产生了严重影响，因此，本书的研究目标是如何进行库存管理，解决企业存货积压且资金占用严重的问题，以提高企业存货管理效率。具体目标为：

第一，针对企业不同型号的存货，设计与企业经营特征相符合的科学管理模式；

第二，针对库存量大、资金占用严重的普通玻璃，建立存货经济订货模型；

第三，结合前两个具体目标，设计存货管理方案，减少企业库存积压与存货资金占用，加快存货周转；

第四，初步设计信息系统相关模块、模型与参数，为企业信息化、数智化发展服务。

1.4.2 研究内容

为了实现上述研究目标，本书拟定研究内容，分述为以下六点。

第一，分析企业目前库存管理现状。通过实地调研以及对案例企业负责人的访谈，了解企业目前库存管理方案及实施现状。

第二，分析企业库存管理的问题及原因。通过实地调研、与案例企业负责人的访谈，研究目前企业的库存资金链及资金占用情况，分析其存在的主要问题并分析其原因。

第三，企业库存管理问题的理论探究。根据文献回顾和企业实地调研，结合库存管理理论阐明企业存货管理问题的理论基础，从现实问题思考背后的理论机理。

第四，建立企业存货管理模式。企业产品庞杂，本书根据对理论的思考和产品经营特征，提出分类管理存货的管理模式，因而，在对现有存货进行分类归类的基础上，建立适合该企业经营特征的科学存货分类管理模式。

第五，优化传统经济订货模型。针对企业业务量大而价格适中的产品，建立科学订货管理模型。首先，建立经济订货模型，结合企业现状，对传统的经济订货模型进行修正，并建立定期不定量模型与定量不定期模型，进行科学订货；其次，结合企业访谈以及业务量情况，选择以奥迪 C6A6 和

C7A6为例进行模型的效果测试。

第六，归纳总结存货管理方案，并初步设计存货管理系统。针对不同类型存货，结合经济订货量模型的适用性，建立企业存货管理方案，并在此基础上，结合存货信息管理系统，提供相关模块、模型和参数，为企业的信息化、数智化提供基础。

1.5 研究技术路线与研究方法

1.5.1 研究技术路线

首先，与企业财务高管初步沟通，确定企业需要解决的问题，提出研究选题，并通过研究综述和理论基础分析，确定选题的合理性与科学性，从而初步确定库存管理优化的选题；其次，通过与企业相关负责人的访谈和对企业的实际调研，进一步细化研究问题，明确解决库存积压严重、存货占用资金量大的具体问题，从而细化题目为：企业存货资金占用与管理模式研究。再次，针对问题分析其成因，探讨解决方案，设计适合该企业的存货管理模式；在各类存货中，针对占比巨大的普通玻璃，建立存货经济订货模型，并进行效果测试；最后，提出存货管理制度的优化建议，实现减少企业存货资金占用、优化库存管理的目标。

本书的技术路线如图1-4所示。

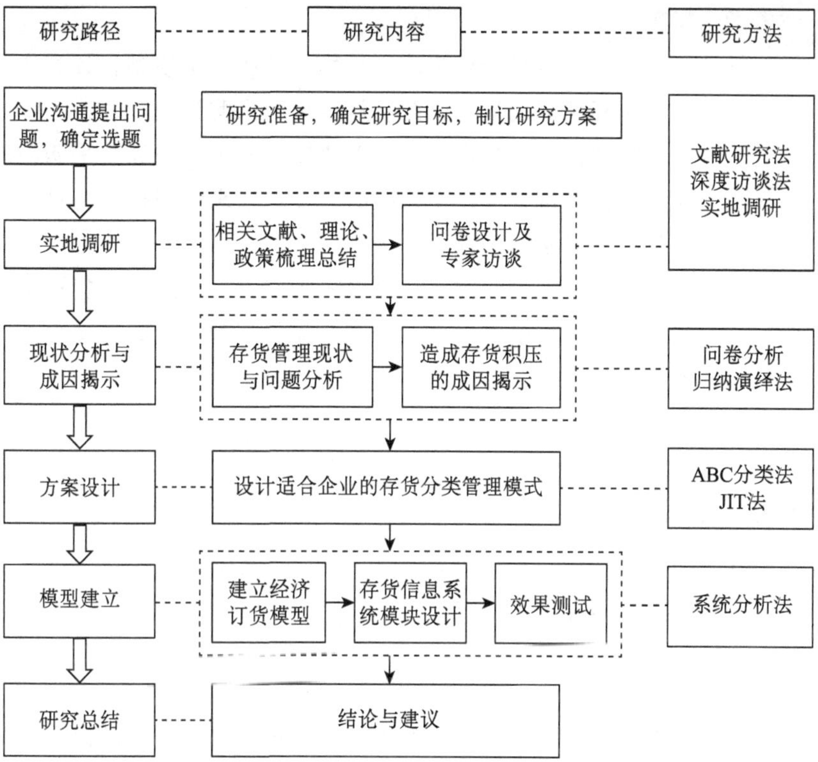

图1-4 本书技术路线

1.5.2 研究方法

本书应用到的研究方法主要有以下五种：

第一，文献研究法。以近十年的有关文献为研究依据，了解了关于存货管理的研究现状、研究方法以及主要研究思路，结合企业现状，发现其存在的存货管理问题，为本书的撰写奠定了写作基础。

第二，访谈法。针对企业的存货管理、采购管理等情况与企业负责人进行访谈，了解企业存货管理的现状及存在的问题。

第三，定量分析法。通过建立经济订货模型，计算企业每月实际的采购量，以此制订合理的采购计划。

第四，比较分析法。本书比较企业现有凭经验采购的库存量和按经济订货模型采购的库存量，来说明按经济订货模型采购的科学合理性。

第五，案例研究法。以 BJF 为案例，对企业存货资金占用及管理进行研究，重点研究在存货管理方面如何减少存货资金的占用。

1.6 本章小结

国家关于汽车行业及汽车后市场一系列政策的出台，为玻璃行业提供了新的发展机遇。通过分析中汽协发布的华北地区的汽车销量、汽车保有量、相关行业信息和案例企业实际销售情况可知，汽车玻璃行业的发展空间巨大。但是由于汽车玻璃种类繁多，存货管理的工作非常重要而且任务艰巨，汽车玻璃销售企业普遍存在库存积压严重、资金占用量大等问题。以往学者对于企业存货管理的研究主要集中在两个方面：一是分行业研究企业存货管理现状；二是专注于企业存货管理的研究，通过合理确定采购量和采用科学的存货管理方式来解决存货资金的占用问题，但很少有学者对汽车玻璃行业的存货管理进行具体研究。在对存货管理的相关理论知识进行回顾和对企业库存管理现状进行调研的基础上，本书确定了研究目标、研究内容和研究方法，并提出了相应的研究思路和技术路线，通过设计具有针对性的库存管理方案来解决企业存货积压和资金占用量大的问题，同时为整个汽车备件行业提供参考。

第 2 章 概念界定与理论基础

2.1 存货及存货管理的概念

2.1.1 存货及存货成本

(1) 存货定义

中华人民共和国财政部（2024）制定的《企业会计准则》，第 1 号对存货的规定为：企业在日常活动中持有以待销售的商品或者产成品、处在生产过程中的在产品、在生产过程中或提供劳务中耗用的材料和物料等统称为存货。

《国际会计准则第 2 号——存货》将存货定义为：第一，在正常经营中为销售所持有的资产；第二，为销售仍处在生产过程中的资产；第三，在提供劳务或者生产过程中将消耗的以材料和物料为主要形式的资产。

《美国会计准则汇编 330 号》认为存货是具有以下任意一个特征的有形动产项目的集合：第一，在正常经营过程中为销售而持有的；第二，为销售仍处在生产过程中的；第三，在提供劳务或者生产可供出售的商品时即时消耗的。

本书将“存货”定义为：企业拥有或控制的、持有或准备出售的产品。针对本书的案例企业是汽车玻璃销售企业，其存货主要是汽车玻璃，可以分为进口玻璃、镀膜玻璃和普通玻璃。

（2）存货成本

存货成本是指存货所耗费的总成本，是企业为存货所发生的一切支出。在会计领域中，主要涉及初始成本计量和后续成本计量。

①存货初始成本计量。中国《企业会计准则第 1 号》中有如下规定：存货应当按照成本进行初始计量。存货成本包括采购成本、加工成本以及其他成本。

《美国会计准则汇编 330 号——存货》中对存货有以下规定：成本是会计计量的主要基础，其被定义为为了使存货能够达到可使用的状态，并能被运输到目前所在的空间而发生的直接或者间接费用支出的总和，这个定义包含了存货广泛意义上的各种成本支出。

中美两国的初始计量都用成本法，但是对成本的界定存在视角上的差异，中国用列举法，美国则更宽泛。

②存货发出成本计量。中国《企业会计准则第 1 号——存货》第十四条规定：发出存货的实际成本应该采用加权平均法、个别计价法或先进先出法计量。

《美国会计准则汇编 330 号——存货》规定发出存货的成本可采用先进先出法、后进先出法、加权平均法等计量。

可见，国内现行的企业会计准则规定，不能采用后进先出法对存货发出成本进行计量，而美国会计准则允许采用后进先出法。

③存货后续计量。中国《企业会计准则第 1 号——存货》第十五条规定：资产负债表日，存货应当按照成本与可变现净值孰低计量。存货成本高于其可变现净值的，应当计提存货跌价准备，计入当期损益。

第十九条规定：资产负债表日，企业应当确定存货的可变现净值。以前减记存货价值的影响因素已经消失的，减记的金额应当予以恢复，并在原已计提的存货跌价准备金额内转回，转回的金额计入当期损益。

《美国会计准则汇编 330 号——存货》规定，除了按照后进先出法或零售价格法进行会计处理的存货，其他存货均应按照成本和可变现净值孰低法计量。按照后进先出法和零售价格法计量的存货应按成本或市场价格孰低法计量。市场价格指现行重置成本，但以可变现净值（估计售价减去合理预计的完工、出售和运输成本）为上限，并以可变现净值减去估计正常利润准备为下限。

对已经计提跌价的，以减记后的金额作为存货的新成本，存货跌价后续不得转回，除非在发生跌价的同一财政年度内出现价值的恢复。

国内存货跌价准备的计提是按照成本与可变现净值孰低计量。美国会计准则将存货跌价准备的计提分为两种情况：按照后进先出法和零售价格法计量的存货采用成本或市场价格孰低法计量；而其他存货按照成本和可变现净值孰低法计量。并且无论国内还是美国会计准则，在同一会计年度存货价值恢复时，已经计提跌价的减记的金额应当予以恢复。

2.1.2 存货管理

根据《企业会计制度汇编——存货管理》，库存管理的内容包括：统一领导和组织物资管理系统的开发，制定和修订各类物资消耗定额，审批各职能部门制订的年度、季度和月度物料采购和生产计划，考核计划执行情况和业绩。同时，职能部门必须完善原始记录，加强定额管理，严格计量验收和库存制度，做好物资管理工作。

库存管理的功能是能够保证服务质量、节省订货成本和降低缺货成本，总目标是在库存成本的合理范围内提高顾客对服务水平的满意度（周伟军，2008）；存货管理是企业在生产经营过程中对所销售或耗用而储备的物资进行的管理，主要包括存货的信息管理和在此基础上的决策分析，以满足企业生产经营的需要；要提高存货周转效率（张媛媛，2006）。

本书的存货管理主要是指对企业采购提出改进措施，以减少企业库存量，加快存货周转。通过实施合理的订货方法，既能够改善企业存货资金占用问题，又能提高存货利用率，改善企业利用不科学的采购方案带来的利益损失问题，从而提高企业经营效益。

2.2 存货管理理论与计量模型

2.2.1 “零库存”管理概述

(1) “零库存”管理的内涵

“零库存”（Just - in - Time，简称 JIT）管理是企业物

资管理的一种先进理念，是库存的一种特殊概念。其目的是减少库存资金占用和提高物资周转的经济效益，缩短物资采购周期。本书认为，“零库存”管理是一种特定的库存管理概念，它并非代表仓库中存货的实际储存数量为零，而是通过实行特定的库存管理方法，将物料始终处于采购、生产、销售、运输的周转过程中，从而使库存量最小。“零库存”的管理理念认为，存货是毫无用处的，是对资源的浪费。因此，“零库存”管理就要消除这种浪费，降低仓储环节的成本和缓解资金占用，提高资金周转效率。

“零库存”管理主要适用于多品种小批量的生产方式，旨在帮助企业提高生产能力，降低生产成本。日本丰田是最早应用“零库存”管理模式的公司，其“零库存”管理是利用看板管理、单位生产技术管理等管理手段拉动生产，从而实现生产过程中基本没有原材料和半成品的积压，应用效果良好，因此被日本众多制造业企业采纳推广，继而在世界范围内得到推广。在微观经济领域内，“零库存”管理是经营主体的一种库存变化趋势，在应用时也应该考虑企业自身环境，“零库存”管理的实现基于“零库存”产品的供应商，这种管理方法更适合于有定制化产品倾向的企业（伍爱群，2010）。通常，库存管理的最高目标是保证供应链上供需顺畅的前提下实现零库存，这可以实现在一定程度上降低供应链全局的成本，提高供应链响应速度（张雪芹，2019；Stefan Seuring 等，2004）。从供应链角度，“零库存”管理的核心在于不断降低企业的库存，从而实现企业在供应链环境下的即时制采购（吴嘉诚，2022）。

在具体实施方面，应对整个供应链流程上的“零库存”管理进行规划，其中，采购阶段对供货商和物流要求较高，生产阶段应分工序制订严格计划，销售阶段应在考虑产品类型、市场特点和销售模式的情况下力求精准销售预测（华瑶等，2006；柳素芬，2011）；通过对我国的图书零售业“零库存”管理进行分析，有学者指出“零库存”管理实现的前提是订货成本足够小，并且要依托电子商务和信息系统来实现（吴玉红，2009）。“阶梯式供应链”的管理体系，从供应商、制造商、终端三个层面分别设计了“零库存”管理模式，以求最大程度地减少库存成本并提高交货周期（王英英，2023）。

（2）“零库存”管理的特点

“零库存”管理模式与传统的库存管理模式存在诸多方面的不同，包括信息交流、物料运输、供应商选择、采购批量等，具体如表 2－1 所示。

表 2－1　“零库存”管理和传统存货管理模式的区别

项目	“零库存”管理模式	传统存货管理模式
采购批量	小批量，交货频率高	大批量，交货频率低
供应商选择	长期合作，单源供应	短期合作，多源供应
供应商评价	质量、交货期、价格	质量、价格、交货期
检查工作	逐渐减少，最后消除	收货、点货、质量验收
协商内容	长期合作关系，质量和合理价格	获得最低价格
运输	准时送货，买方负责	较低的成本，买方负责
文书工作	文书工作量少，有能力控制改变交货的期限和质量	文书工作量大，改变交货时间和质量的采购单多
产品说明	供应商创新，重视性能宽松要求	买方关心设计，供应商缺乏创新
包装	小、标准化容器包装	普通包装，没有特地说明
信息交流	快速、可靠	一般要求

资料来源：项目组整理所得。

从表 2－1 中可以得出，“零库存”管理模式相较于传统存货管理模式发生了三个转变：

第一，从面向库存的采购转变为面向需求的采购；

第二，从一般的采购管理转变为外部资源管理；

第三，与供应商由一般买卖关系转换为战略协作伙伴关系。

(3)“零库存”管理的实施条件

①市场条件。从一定程度上来讲，“零库存”管理的实质就是在相对稳定的时间和相对稳定的地方，向相对稳定的对象提供相对稳定的产品。“零库存”管理的成功实施是建立在稳定的市场环境中的，供货方与销售方能够持续经营，业务稳定发展。在市场环境发生较大变动的情况下，企业若需降低库存量及库存成本，会使生产率对市场需求更加敏感，导致企业生产发生较大的波动。因此，只有在一个相对稳定的经济环境下实施“零库存”管理，才会取得预期的效果。

②物流条件。在供应链中，供应方要保持较强的需求反应能力，确保供货的及时性。因此，物流管理水平的高低，直接影响企业能否实现“零库存”管理。创造物流条件的方式之一，就是物流企业的加盟。具有高效管理手段的物流企业可以通过优化物流网络，提升运营效率，降低企业的库存量，使库存趋向于零状态。所以，物流条件对实施“零库存”管理必不可少。另外，由于物流企业本身具备一定的专业化水平，具备参与市场竞争的能力，其可以通过为市场中其他企业提供物流服务，赚取相应的收入来降低自身的运营成本，进一步降低企业的整体成本。

③供应商条件。对于实施“零库存”管理而言，供应商是重要的参与方，其与企业之间能否保持良好的合作关系，直接关系着“零库存”管理实施的成败。采用“零库存”管理模式的企业依靠完全可靠的供应商来保证供给，彻底消除供应商的不确定因素。实现这种模式的方法只有一种，那就是协同合作，与供应商达成互惠贸易关系。如果双

方能够达成协议，实现双赢，这样的结果要比互相摩擦的合作关系好得多。这就意味着企业应该对最佳供应商给予明确的地位，始终从这些供应商处订货，这样就进一步加强了组建战略联盟和伙伴关系的基础。

（4）“零库存”管理模式的影响因素

“零库存”管理模式不仅是一种使库存实现最小化的方法，它实际上还是一种“看板运作”的观念，影响着各个运作环节的有效开展。因此，是否将“零库存”管理模式运用于企业，企业需要考虑诸多因素才能作出决策。

①“零库存”管理的收益成本比。根据“零库存”管理模式，一个企业只有在有需求的时候才进行采购，需要多少就采购多少，这对企业来说是最有效率的，因此“零库存”管理模式提倡小批量频繁采购。与采购批量密切相关的另一个因素是运输成本。研究认为，管理制度、产品需求波动、供应商管理、采购管理、仓储管理、配送管理是主要影响因素（吴育国，2015），所以企业在应用“零库存”管理模式之前，应该审慎地权衡小批量采购增加的运输成本和降低库存节约的费用，根据实际需求情况进行选择。

②“零库存”管理的风险。虽然“零库存”管理可以带来降低库存、加快库存周转、减少资金占用等优势，但是由于没有安全库存的缓冲，企业也会面临市场反应能力降低的风险。此外，企业实施“零库存”管理模式也需要考虑其带来的一些风险，比如，单一供货源的风险、配送成本增加的风险、供应链上下游企业合作的风险等（孙习亮、肖珩，2019）。企业是否实施“零库存”的管理方案，不仅要考虑企业自身的特点，还要考虑到收益和风险因素，同时结合供应链、产品、物流、市场环境等因素，灵活使用“零库存”管理策略，更好地提升存货管理水平（史丽月，2015）。

③企业与供应商的合作关系。“零库存”管理模式需依靠完全可靠的供应商来保证供给，没有密切的协同合作，供应商就不可能根据企业的需要，组织小批量、频繁的供货服务。“零库存”管理模式对供应商的要求很高，不仅要求供应商提供价优质高的产品，同时要保证供应商能够持续地保持高质量、小批量、高频率供货，缩短订货至交货的周期，实现信息共享，实行准时制运作模式等（王瑜，2019）。上述这些要求，对于只面对一个企业的供应商来说，也是十分艰巨的，更何况绝大多数的供应商往往都要面对许多需求不同的企业（刘宝荣，2016）。与特定的一家原材料供应商建立稳定良好的合作关系能够有效帮助企业减少库存成本。因此，在企业的实际运作过程中，协调好与供应商的关系，是实施“零库存”管理的关键因素。

④产品类型。并不是所有类型的产品都适用于“零库存”管理模式，高度个性化的和昂贵的商品最适合使用“零库存”管理，这类商品在仓库的存储时间越长，跌价的可能性就越大，通常情况下库存量会保持在少量甚至没有的水平（陶彦名，2017）。而像一般的日用商品，生产和销售都是大批量的，消费却是随机的，随着生产技术的提高，产品价格将继续下降，单位库存成本将降低，采用“零库存”管理模式就会增加单位的生产、交易成本。

根据美国加利福尼亚州大学对67家美国公司的问卷调查（如表2-2所示），可以认为：第一，“零库存”管理成功的重要因素包括和供应商的关系、管理措施以及适当的计划，其中最为关键的因素是与供应商的关系，缺乏供应商的支持也是实施“零库存”管理最困难的问题。因此，选择合适的供应商并与供应商保持良好的合作关系，是企业在生产经营活动中成功实施“零库存”管理非常关键的一部分。但企业通常又很难找到“好”的合作伙伴，这是企业实施

"零库存"的难点。第二，部门之间协调差是"零库存"管理难以实现的另外一个重要原因，因此实施"零库存"管理不只涉及采购部门，存货管理活动中会牵涉的企业内部利益相关者都应该予以配合，从而为实施"零库存"管理创造有利的条件，为实施"零库存"管理共同努力。第三，"零库存"管理能够带来最直接的好处就是为企业节省了存储空间，同时节省成本、提高服务水平、及时交货也是实施"零库存"管理所带来的较为普遍的益处。

表 2-2　"零库存"管理实施的关键因素、解决的问题以及难点　单位:%

关键因素	回答	解决问题	回答	难点	回答
和供应商的相互关系	51.5	空间减少	44.8	很难找到好的供应商	35.6
管理的措施	31.8	成本减少	34.5	供应商不可靠	31.1
适当的计划	30.3	改进用户服务	34.5	供应商太远	26.7
部门协调	25.8	及时交货	34.5	供应商太多	24.4
进货质量	19.7	缺货问题	17.2	缺乏供应商支持	23.6
长期合同协议	16.7	改进资金流	17.2	缺乏对供应商的激励	18.2
采购物品类型	13.6	提前期减少	10.3	供应商不想频繁交货	17.8
特殊的政策与惯例	10.6			部门之间协调性差	20
				采购物品的类型	16.4
				进货物品质量差	12.7

注：表中"回答"指对调查者的肯定回答统计，其单位为百分数。

资料来源：根据杨赞、蹇令香编著的《采购与库存管理》中资料整理所得。

2.2.2　ABC 分类法

1951 年，意大利经济学家帕累将 ABC 规则应用于库存管理，首创了 ABC 分类法。ABC 分类法又名主次因素分析法，也叫ABC分析法，是根据事物在技术或经济方面的主要特征，对事物进行分类排序，进而分成A、B、C三类，从而有区别地实施管理的方法。由于企业的各方面资源有限，包括人员、仓储空间、存储成本等，不能够同样重视所有库存商品。因此，区分出物料的重要程度是非常关键的，将精力和时间作为物料管理的重点，可根据不同的重要性程度制订库存控制和管理计划。ABC分类管理能够有效帮助企业提高经济效益，加强库存管理（徐瑛，2001）。解决传统会计制度的缺陷，帮助经理了解产品盈利能力和客户需求，尤其在公司资源有限，不足以满足客户需求的情况下，确定企业优先订货范围并进行产业链过程改进，以获取企业盈利最大化（Khataie、H. Amir、Bulgak、A. Akif、Segovia、J. Juan，2011）。通过ABC分类法在企业费用管理中的应用研究，得出结论：ABC分类法能够有效简化费用管理流程，形成系统性、集成化的费用管理结构，对费用使用的所有动态变化进行全面、有效地管控，促进企业管理水平的提升（林俊飞，2021）。

ABC分类法通常有四个具体实施步骤：

第一步，根据每一种存货在一定时期内（如一年）的需求量以及成本价格，计算出该种存货的资金占用额，并将金额按照从大到小的顺序进行排序；

第二步，根据上述顺序，计算每一种存货资金占用额占资金总占用额的百分比和累计金额的百分比；

第三步，根据上述顺序，依次计算累计存货品种占所有品种数的百分比；

第四步，按事先确定的标准将全部存货划分为ABC三类，填写表2-3和表2-4。

表 2－3　　**存货初始资料表**

序号	存货种类	价格	年需要量
1			
2			
3			
…	…	…	…

资料来源：项目组根据文献资料整理所得。

表 2－4　　**存货分类管理动态模型**

<table>
<tr><th colspan="3">原始数据区</th><th colspan="4">模型区</th><th colspan="3">决策区</th></tr>
<tr><th rowspan="2">存货种类</th><th rowspan="2">单价</th><th rowspan="2">年需要量</th><th colspan="3">存货占用的资金</th><th rowspan="2">存货类</th><th colspan="3">ABC 分类分析</th></tr>
<tr><th>金额</th><th>比重</th><th>累计比重</th><th>类别</th><th>占用资金比重</th><th>品种所占比重</th></tr>
<tr><td>…</td><td></td><td></td><td></td><td></td><td></td><td>A</td><td>A</td><td></td><td></td></tr>
<tr><td></td><td></td><td></td><td></td><td></td><td></td><td>B</td><td>B</td><td></td><td></td></tr>
<tr><td></td><td></td><td></td><td></td><td></td><td></td><td></td><td>C</td><td></td><td></td></tr>
<tr><td></td><td></td><td></td><td></td><td></td><td></td><td>…</td><td></td><td></td><td></td></tr>
</table>

资料来源：项目组根据文献资料整理所得。

由于传统的 ABC 管理对于很多企业不能适用，许多学者在此基础上提出改进的 ABC 分类管理。杨方燕等（2004）提出在传统安全库存计算公式中添加一个新的变量，即 ABC 分类系数 k，并认为该方法在减少库存资金占用及降低企业生产成本上能够产生一定效果；张江华等（2011）提出了 AHP 和 ABC 分析法相结合的库存产品分类方法，使存货的分类管理更加符合实际；冯琳（2013）用二维 ABC 分类法设定了平衡标准，在原有 ABC 分类的基础上，从商品的边际利润与销售总价值两个角度出发，对商品进行二维分析，加强对畅销商品和高附加值商品的库存管控；刘方涛（2015）根据汽车 JIT 生产的特点，引入以发货频率为主的 ABC 分类法，从而改变了传统 ABC 分类中按总价值比例进行分类的方法。Mohamed 等（2016）将在 ABC 分类的基础上创新运用多指标的 PROAFTN 方法用于每个存货项目在一个特定类别进行分类，结合切比雪夫定理参数值等知识，用于进行“零库存”估计。徐新娴（2020）通过将 ABC 分类法与经济批量订货模型相结合，同时应用最优库存管理模式，帮助企业验证形成新的盈利增长点。

2.2.3 经济订货批量

经济订货批量（EOQ）是固定订货批量模型的一种，基本思想是通过平衡保管仓储成本和采购进货成本，以达到总库存成本最低的目标。一些存在着较重财务负担的企业，可以通过建立经济订货模型，随时调整订单数量，使企业能够适应不同的需求，这种方法也可以扩展到复杂的情况中使用。福特·哈里斯（Ford Whitman Harris）在 1913 年以企业在一定时期内订货成本、市场需求和存储成本都没有波动为前提，提出了经济订货批量模型，通过建立一元极值无约束模型，求导得到最佳经济订货批量，之后衍生出了五种库存订货模型（Donald Erlenkotter，1990）。

除基本模型外，部分学者对不同前提条件下的经济订货批量模型进行了研究。傅玉颖等（2008）建立了基于多目标的库存决策模型，研究了在提前期不确定的情况下制造企业解决零部件生产批量和再订购点的问题，分析了生产批量、提前期、再订购点这几个因素对供应链各节点上的企业成本影响，从而得出最佳生产批量和最优库存配置；曹黄金等（2012）研究了随机需求条件下库存管理的模型，通过采用系统动力学表示出随机微分库存系统模型，改善了以往模型，帮助管理者理解系统运行。关成斌（2022）提出并实现了基于 Python 及其 numpy、matplotlib 等模块的超限经济订货批量数据分析法，实现简单、原理清晰，更适合处理复杂情况的经济订货批量。

另外，计量模型也是学术界进行研究的重要手段，经济订货批量模型的基本逻辑是计算存货总成本最低的批量，具体分为三个成本，分别为采购成本 TCB、储存成本 TCC、缺货成本 TCS。总成本公式可列为：

$$TC = TCB + TCC + TCS$$

目前用于研究存货管理的基本模型见表2-5。

表2-5　存货管理的基本模型

模型	是否适用企业	基本假设（适用条件）	解决问题
①经济订货量基本模型	否（存在缺货、需求量不稳定问题，不仅涉及一种产品）	①企业可以及时补充存货； ②能一次性到货而不是陆续入库； ③不允许缺货即无缺货成本，TCS为零； ④需求稳定且可以预测，即D为已知常数； ⑤存货单价不变不考虑现金折扣，即U为已知常数； ⑥企业现金充足不会因现金短缺而影响进货； ⑦市场供应足够存货不会因买不到影响其他； ⑧只涉及一种产品； ⑨没有数量折扣； ⑩存货不会变质	解决满足基本假设的单品种、需求量固定、不存在缺货与折扣的订货问题
②陆续供应和陆续使用的经济批量模型	否（假设一次到货）	①存货用完前订货，存货陆续入库、陆续耗用； ②其他同经济订货量基本模型	解决产品陆续到货、陆续耗用的订货
③多重价格折扣的订货批量模型	是	①存在不同的数量折扣； ②其他同经济订货量基本模型	解决存在数量折扣的订货
④联合订购的批量模型	否	①涉及多品种的产品订购； ②其他同经济订货量基本模型	解决多品种产品联合订货

续表

模型	是否适用企业	基本假设（适用条件）	解决问题
⑤缺货成本的订货批量模型	是	①存在缺货成本； ②一个周期内的订货量等于需求量； ③存储量关于时间变化匀速连续	解决库存与缺货对抗问题

资料来源：项目组根据文献资料整理所得。

从订货时间和订货数量的角度来看，目前的经济订货批量模型主要有定期定量模型、定期不定量模型、定量不定期模型、不定期不定量模型、有限进货率定期定量模型五种（冯巧根等，2013）。结合学者的研究及对BJF的实地调研和访谈，本书认为BJF更适用于定期不定量模型，定量不定期模型也有一定的适用性。在此，主要对这两个模型进行说明。

（1）定期不定量模型

定期不定量模型是指企业按事先确定的订货时间订货。每经过一个订货间隔期企业即发出订货请求，由供货方供货。采用此方法需要事先根据经验确定订货间隔期，其采购量依据企业下一期销售量预测和期初库存确定。定期不定量模型的主要特点是订货间隔期固定，主要目的是在满足顾客需求的情况下库存价值最小，适用于供货渠道比较单一并且销量可预测的货物。具体计算方法是采购量等于目标库存水平减掉期初库存水平，其中目标库存水平包括两部分，一部分是订货间隔和订货提前期内的需求量，另一部分是根据服务水平确定安全库存。具体可用如下公式表示：

采购量 = 订货周期内需求量 + 安全库存 - 现有库存

（2）定量不定期模型

定量不定期模型为传统经济批量模型。传统经济订货批量模型需满足众多假设，主要包括以下几点：采购产品为单一产品；需求量、生产量、订货提前期恒定、已知，或需求是连续的、均衡的；物料以批量方式订货或生产，且一次到货合格入库；订货成本已知且恒定，与订货数量无关，储存成本已知且恒定，与平均库存量成正比；物料单价与批量无关；资源不受限制；库存分析成本可忽略不计。在满足以上条件的前提下，构建模型时还需考虑以下四种情况：不允许缺货，瞬时补充；不允许缺货，生产需一定时间；允许缺货（缺货需全部补足），瞬时补充；允许缺货（缺货全部需补足），生产需一定时间。在充分考虑以上因素后，从总库存成本最低的角度出发，计算出经济订货批量、最佳订货间隔期、最低存储总成本。

2.3 本章小结

本章先介绍了存货及存货管理的概念，之后介绍了存货管理理论和存货计量模型。

本书将“存货”定义为企业拥有或控制的持有或准备出售的产品，具体指企业购进的各种类型的玻璃。在研究存货管理问题时，将“存货管理”定义为针对企业的采购方面提出的改进措施，目的是减少企业库存量，提高存货周转效率。

在存货管理的理论方面，本章着重讨论了三种理论与模型：“零库存”管理模式、ABC 分类法和经济订货批量模型。“零库存”管理模式是通过实施具体的库存控制方法，使物料一直处于采购、生产、销售、运输的周转过程中，从而减少库存数量，降低储存成本和资金占用，加速资金周转。ABC 分类法是指将企业的存货按照类别划分为 A、B、C 三类，并针对不同的存货实施不同的管理方法。经济订货批量（EOQ）是通过平衡存储成本和采购成本，从而实现总库存成本最低。

第 3 章　存货资金占用分析

3.1 企业概况

BJF 玻璃有限公司（以下简称 BJF）于 1990 年正式成立，前身是 F 玻璃工业集团股份有限公司分公司。BJF 玻璃有限公司是中国汽车玻璃零配行业中，集汽车玻璃专业更换维修、配件批发、储运物流、软件数据开发、管理咨询和人才培训于一体的大型连锁集团公司。在北京、天津、河北、内蒙古等地区，有多家分公司和经销商。企业注重创新和智能，掌握了全球同行业前端信息技术和生产自动化技术。

近年来，BJF 向汽车产业“电动化、网联化、智能化、共享化”的潮流和趋势发展，努力完善管理创新、技术创新的流程和激励机制，以客户为中心，以市场为驱动，以产品为导向，实现技术引领，使越来越多的新技术集成到汽车玻璃零配件中，推动汽车玻璃零配件产业朝着“绿色供应、清洁生产”方向发展。与此同时，公司延伸产业链，布局汽车饰件业务，既解决汽车玻璃集成所需的饰件问题，又有利于延伸公司业务，发挥与汽车玻璃的协同效应，进一步增强公司与汽车厂商的合作黏性。BJF 以“技术和创新”的文化和人才，系统打造公司可持续竞争优势和盈利能力，成为一家让客户、股东、员工、供应商、政府、经销商、社会长期信赖的公司。此外，BJF 通过自身开拓与发展，以实际行动回报社会，关爱自然，保护环境；积极投身公益事业，积极主动履行社会责任，以实现公司经济效益与社会效益相统一，公司发展和社会发展相和谐。

BJF 的存货主要来源为 F 集团，企业上游的供应商极为稳定。企业当前的采购活动直接由采购部负责，总经理根据各经销商提供的采购数据和库管人员盘点的库存量制订采购计划。企业组织构架如图 3－1 所示。

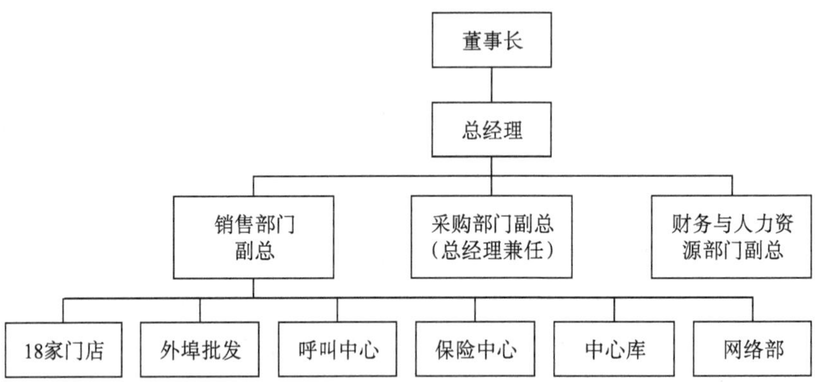

图 3－1 BJF 玻璃有限公司企业组织构架

资料来源：企业调研。

目前，BJF 已成为 F 集团华北配件分销中心，在 F 集团的整体业务中占据重要地位，企业主要负责销售 F 集团生产的各类汽车玻璃。本书对企业的销售路径进行分类，主要有三种，如图3－2所示。

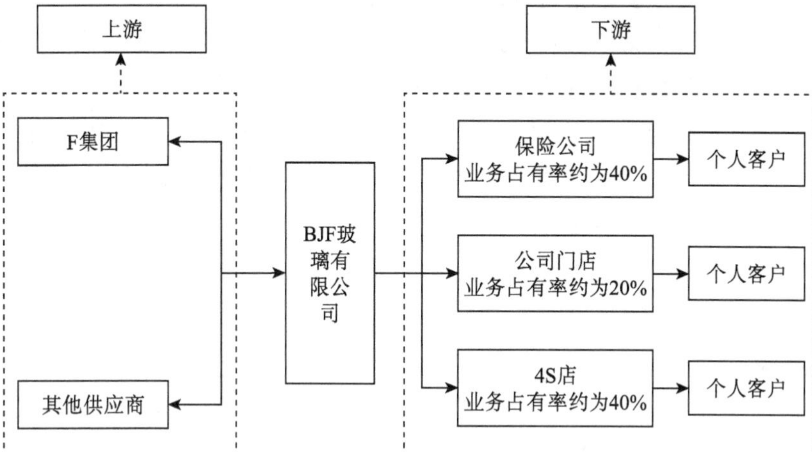

图3－2　BJF玻璃有限公司企业购销流程

资料来源：企业调研。

第一种是与保险公司合作进行销售。终端客户在购买汽车时与保险公司签订汽车玻璃破碎险，由于企业提供的汽车玻璃销售、更换等服务属于保险公司理赔服务的一部分，在客户汽车玻璃产生破损时，企业将免费帮助保险客户更换汽车玻璃，更换汽车玻璃所产生的相关费用由企业与保险公司统一结算。企业已经与数十家开展车险业务的保险公司签订战略合作协议，但是由于调研当年汽车保费调整，部分人群可能选择不购买汽车玻璃破碎险或选择自助更换玻璃，所以这一部分业务的销售业绩可能有下滑趋势。目前，这部分的销售额占总销售额的40%左右。

第二种是直接在企业门店进行销售。这种销售路径主要针对的是未购买汽车玻璃破损险的个体客户，销售方式为零售，企业通过赚取差价来获取利润。BJF目前在北京有18

家门店，主要分布在东城区、朝阳区、海淀区、房山区、大兴区、密云区等。根据企业提供的财务数据，这一部分的销售额占总销售额的20%左右。

第三种路径是企业直接销售给4S店。4S店是汽车整车厂授权经营的、集销售和维修保养于一体的专卖店。企业与4S店达成协议，为4S店提供上门服务。全北京4S店多达1500家，包含各类汽车品牌。这一部分的销售额占总销售额的40%左右。

3.2 存货分析

本书旨在解决BJF的存货资金占用问题，因此，本书将对BJF的存货管理现状进行总结，并分析企业在存货管理方面目前所存在的问题。

3.2.1 主要存货介绍

（1）企业存货种类介绍

2017年，BJF经销两万多种型号的汽车玻璃，主要分为三类，分别为进口玻璃、镀膜玻璃与普通玻璃，如表3－1所示。

表3－1 BJF玻璃有限公司汽车玻璃种类

玻璃类型	特点
进口玻璃	单价高、成本五千元到几万元不等、库存量不到总量的20%

续表

玻璃类型	特点
镀膜玻璃	新产品、单价高、成本一两千元、库存量约占总量的 20%
普通玻璃	单价低、成本几百元到上千元不等、库存量最多，约为总量的 60%

资料来源：依据企业调研内容整理所得。

进口玻璃主要应用于汽车前挡部位，成本价高（五千元到几万元不等），单品价值高，国内需求量较低，存货量少，占总存货量的比例低于 20% 。

镀膜玻璃是指在普通玻璃内表层镀上 6—13 层纳米级的金属膜，目的是提高玻璃的隔热、保温、透光率、防晒、防眩目等使用性能，是 F 集团的新产品。与进口玻璃相同，镀膜玻璃仅应用于汽车前挡部位，每片成本在一两千元。由于企业的大部分客户都是保险客户，保险客户通常会直接依据保单选择玻璃，而保单所保的玻璃大多都是普通玻璃，也有少量客户会单独购买该种玻璃，因此镀膜玻璃在总存货量中占比较低，在 20% 左右。

普通玻璃成本较低，每片在几百元到上千元不等。由于汽车玻璃具有不可替代性，每一种车型都需要特定型号的汽车玻璃匹配，而同一车型的前挡、侧窗、天窗等不同部位的汽车玻璃之间也不能依靠裁剪等加工技术实现替代，因此根据不同的车型、部位，汽车玻璃可以细分为许多种不同型号的玻璃。这类玻璃目前市场占有率高，存货量大，在企业目前所有的存货中占比超过 60% 。因此，普通玻璃最可能出现存货积压的情况。

（2）企业存货成本情况

本书基于总拥有成本理论（Total Cost of Ownership，简称“TCO 理论”）对 BJF 的存货成本进行分析，TCO 理论是企业评价采购成本时常用的一种技术评价标准，该理论强调，企业的采购成本不应局限于采购价格，同时应包含在一定时间范围内由于拥有所产生的包括获取成本和其他维持成本在内的总体成本。根据 TCO 理论，存货采购的全成本包括直接采购成本、获取成本、使用成本、处置成本和其他成本，具体成本项目如表 3－2 所示。

表 3－2 企业采购的全成本项目

总成本分类项目	成本细分项目	资料来源列举
直接采购成本	采购价格成本	张立清和卓先智（2017）、Lisa Ellram 等（1993）
	采购税费	陈志祥等（2006）、Woody（2024）
	采购返点	高山，李利纳（2013）
	运输、装卸成本	张立清和卓先智（2017）、Lisa Ellram 等（1993）
	交接、验收成本	张立清和卓先智（2017）、肖国柱（2015）
	保险费用	高山和李利纳（2013）、Woody（2024）
获取成本	采购需求整合	高山和李利纳（2013）、Bruce G. Ferrin（2002）
	供应商寻找成本	何悦（2015）、肖国柱（2015）、Hurkens（2006）
	供应商管理成本	何悦（2015）、曹艳（2010）、Hurkens（2006）
	订单成本	何悦（2015）、Ellram 等（1993）
使用成本	安装调试成本	崔秀芳等（2021）、肖国柱（2015）
	培训成本	陈志祥等（2006）、高山和李利纳（2013）
	维保成本	Lisa Ellram 等（1993）、Woody（2024）
	存储成本	肖国柱（2015）、高山和李利纳（2013）
	质量成本	陈志祥和马岚（2006）、肖国柱（2015）
	加工成本和缺货成本	肖国柱（2015）、曹艳（2010）
处置成本	废料处置成本	崔秀芳等（2021）、曹艳（2010）
	环保成本	Bruce G. Ferrin（2002）
其他成本	投诉（售后）成本	张立清和卓先智（2017）

基于 TCO 理论，结合对企业的调研，本书认为 BJF 存货成本主要分为 4 大类，分别为储存成本、采购成本、订货

成本以及缺货成本。

企业储存成本主要包括库房租金、库管人员工资以及其他类别的费用，如办公费用、水电费用等。目前企业在北京建有一个中心库房以及 18 家门店，分布在东城区、朝阳区、海淀区、丰台区、大兴区等。企业总库房年租金为 200 万元，库管人员年工资为 120 万—150 万元，年办公费、水电费 10 万元。随着存货库存量不断增加以及北京高昂且日益走高的房租价格，企业需要通过租赁更多的库房储存汽车玻璃，存货的储存成本也将不断提高。

存货的采购成本主要由购买价款、采购的相关税费、运输费、保险费、装卸费及与采购活动直接相关的、可归属于存货采购成本的其他费用构成。根据调研，在存货种类中，其采购价格由高到低分别是：进口玻璃 > 镀膜玻璃 > 普通玻璃。目前企业采购存货主要通过火车、皮卡及其他运输方式，当企业按箱采购时，可以获得价格折扣 2%，整箱玻璃的规格为 20 片或 25 片，由此，每月的采购运输成本为 10 万元左右。

存货的订货成本低廉，直接计入采购成本。由于企业订货对象固定，直接通过集团内部系统下发订单；汽车玻璃质检设备价格低廉，步骤简单，且质检人员工资也隶属于库管部门负责，因此企业订货成本不单独计量，直接计入采购成本中。

存货的缺货成本较低。由于缺乏合理的销量预测，企业在购入货物的过程中，会在参照前期销量的基础上，尽可能加大当期货物的采购量，以防止临时性缺货，因此，企业形成资金占用，但缺货成本较低。而且企业门店较多，因此临时需要存货时，可以在不同店面中实现玻璃的互相调配，进一步减少缺货次数，降低缺货成本。

3.2.2 存货管理存在的问题

(1) 存货种类繁多，总体资金占用量大

随着国内市场居民购买力的持续增强，为了满足消费需求，汽车更新换代的速度也不断加快。由于一种汽车玻璃只能适用于一种汽车，不可替代，日益丰富的汽车型号必然导致汽车玻璃种类的增加，进而导致库存量增加。目前，BJF共拥有两万多种型号的汽车玻璃，存货金额占用达到流动资产的60%以上。同时，随着某些型号的汽车产量减少甚至淘汰，与之相对应的汽车玻璃将会形成库存积压甚至浪费。另外，随着存货库存量不断增加以及北京房产租赁价格提高，企业需要通过租赁更多的库房储存汽车玻璃，存货的储存成本也将不断上升，资金占用量随之增大。

(2) 无法对普通玻璃进行有效分类管理

企业目前销售进口玻璃、镀膜玻璃、普通玻璃三种玻璃。其中，进口玻璃与镀膜玻璃的市场占有率低，企业库存量较少。而对于普通玻璃，企业目前按照“先部位，后车型”的管理方法进行分类，即首先按照汽车的部位划分前挡玻璃、后挡玻璃、车窗玻璃等，其次按照汽车品牌、型号划分为不同的玻璃型号。这种结合汽车部位、车型的分类方式，只是简单地对汽车玻璃进行罗列，目的是便于玻璃存储，但无法使管理者了解品类当前市场销量、占有率以及供货情况等。而且普通玻璃种类多、库存量大，更加剧了此问题的解决难度。因此，必须建立合理的存货分类及管理方式，从而使企业在存货管理过程中掌握充分信息，明确不同品类存货的需求、库存信息，进而科学合理建立订货机制，改善存货库存积压的状况。

（3）产品供需沟通渠道不畅，缺乏合理的采购依据

根据企业规模的大小和产品、服务的复杂程度，采购这一行为本身也就有了更多的含义。当前企业采购流程较短，采购方式主要基于个人判断，具有采购效率高、对市场变化适应性强的优势，但是，这种方式使采购的过程相对粗放，流程不清晰，存在存货浪费的现象。此外，大量的采购额如果仅依靠简单的流程约束，容易使采购量与市场需求量不符，使产品供需不一致，从而加剧了 BJF 存货采购量的不确定性，造成库存的积压和存货资金的占用。因此企业需建立科学的采购制度，完善采购流程，通过制度与集体决策来降低成本，最大限度规避采购所带来的风险。

（4）企业缺乏合理的销量预测方式

以销定产是最为常见的决定采购量的方法，该方法需要结合历史销量对未来销量进行合理预测。企业目前的存货管理系统中没有针对汽车玻璃进行未来销售预测的模块，销售人员单凭历史经验订货。而在汽车玻璃市场中，汽车玻璃的销量与汽车销量密不可分。因此除了利用历史销量来预测某一型号的汽车玻璃下一个月或是季度的销量外，还应该考虑与之相对应车型的汽车的生命周期。如果该车型的汽车处于生命周期的末端，那么利用历史同期数据来预测销量显然是不科学的。此外，由于汽车玻璃的破损与更换存在许多不确定因素，这些不确定因素均加大了企业玻璃销量预测的难度，从而导致无法确定订货量，只能用增加库存的方法减少企业缺货和订单流失，从而加大存货资金占用。

3.3 本章小结

本章主要介绍了BJF公司及其存货购销流程的基本概况，并对企业的存货管理现状进行总结，对其问题进行了剖析。

BJF集汽车玻璃专业更换维修、配件批发、储运物流、软件数据开发、技术咨询和人才培训于一体，是中国汽车玻璃零配行业中的大型连锁企业。目前，企业负责F集团在华北地区的销售业务，存货来源也主要是F集团。企业的销售路径主要可分为保险公司、企业门店以及4S店。其中，通过保险公司这一销售路径带来的销售额占总销售额的40%左右；直接在企业门店所获得的销售额占总销售额的20%左右；通过4S店所获得的销售额占总销售额的40%左右。

BJF目前所拥有的存货可分为进口玻璃、镀膜玻璃与普通玻璃三大类。结合TCO理论和企业调研，针对企业实际情况，本书认为BJF的存货管理的相关成本主要分为储存成本、订货成本以及缺货成本。目前所采取的订货方案是总经理根据各经销商提供的采购数据和库管人员盘点的库存量下达采购计划，再由采购部门执行。通过对存货管理现状进行分析，本书认为企业存货管理主要存在四点问题：一是由于汽车种类不断增加导致的存货种类繁多，总体资金占用量大；二是BJF对汽车玻璃进行先部位后车型分类，未考虑当前市场销量、占有率以及供货情况，从而无法进行有效的库存分类管理；三是企业目前的采购流程过短，采购方式主要依据个人判断，缺乏合理的采购依据，使采购的随意性和波动性较大；四是企业没有结合市场趋势等影响汽车玻璃销量的种种因素进行考虑，销售预测方式方法缺乏科学合理性。由此，对存货分类及其分类管理模式、存货预测模型、经济订货模型进行研究，确定合理的存货订货量，是接下来本书的重点。

第 4 章 存货管理模式与方案设计

本书通过企业调研，根据存货特征，将企业的存货分为三大类型，即进口玻璃、镀膜玻璃和普通玻璃（基本情况如表 3 - 1 所示）。由于三种产品特征各异，为保证方案设计的有效性，本书分别针对三大类别的汽车玻璃设计存货管理方案，具体如图 4 - 1 所示：

基于对企业主管的访谈，汽车前挡玻璃是目前销售量最大的产品，且对比汽车其他部位玻璃产品，具有代表性，因此，本书以汽车前挡玻璃为例，其他部位的玻璃可以此为参考。

对于进口玻璃，根据其需求低、价值高的特点，采取“零库存”管理模式，对该种模式的关键因素进行分析后，提出建立实施“零库存”管理的组织、建立快速客户反应机制、加强信息系统建设等建议；对于镀膜玻璃，由于其性能优化，在未来市场上具备一定发展潜力，设计出了汽车销售量与集团生产量二维模式，建议企业在制订采购计划时综合考虑客户选择、汽车销售量、集团产量等因素；对于普通玻璃，根据其型号多、应用范围广的特点，首先参考 ABC 分类法进行分类，再针对需要进行批量订货的玻璃分别采用

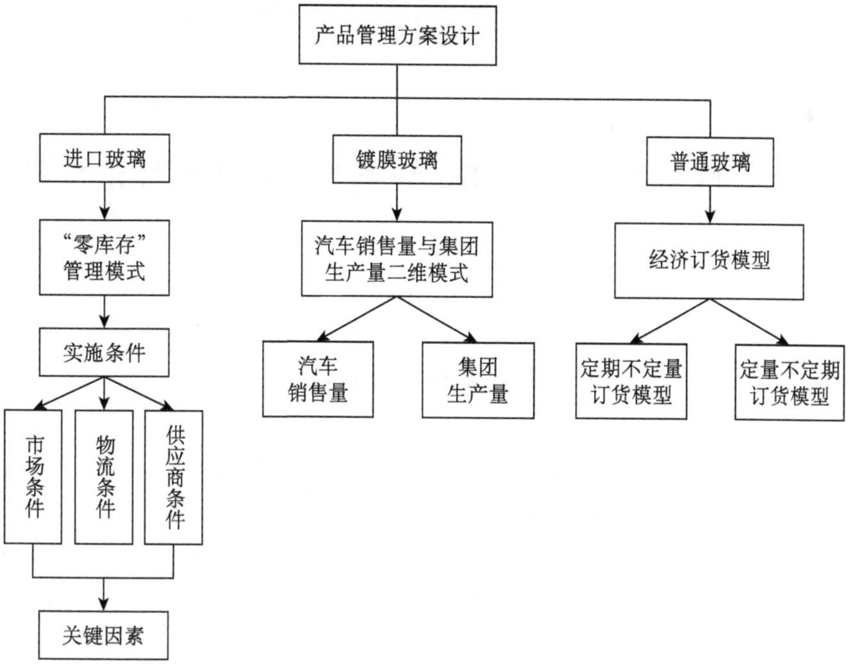

图 4－1　BJF 产品管理方案设计

资料来源：项目组自行设计。

定期不定量订货模型和定量不定期订货模型进行计算，并比较两种模型方案结果。这些方案设计，可以有效缓解采购部门与销售部门的信息沟通不畅问题，从而提高企业的存货周转。在对普通玻璃、进口玻璃和镀膜玻璃进行方案设计的基础上，设计企业存货管理系统框架，为企业存货管理数字化、信息化提供参考。

4.1 普通玻璃——ABC分类管理模式与经济订货模型

4.1.1 普通玻璃管理现状

由于产品的特殊性，企业生产的每一种汽车玻璃，只能应用于固定的一个汽车型号，无法应用到其他车型，同一车型的不同部位的玻璃也无法通过技术加工实现替代，因此，从某种程度上讲，汽车玻璃具有一定的不可替代性。随着汽车工业的发展，越来越多型号的汽车不断出现，为了满足客户的需求，企业需准备更多型号的汽车玻璃，这必然导致企业存货水平的增加。而随着某些汽车型号的逐渐减少甚至淘汰，与之相对应的汽车玻璃就会形成库存积压直至浪费。在企业所拥有的存货中，普通玻璃所占的份额最大，且各个部位的汽车玻璃都有备货，存货量最多，积压也最严重。

企业拥有能够匹配汽车各个部位的普通玻璃，对普通玻璃的分类是先部位、后车型的简单划分，这种分类方法只是对普通玻璃的简单罗列，不便于管理，而且企业目前并没有制订科学的采购方案，采购依据是建立在历史数据和采购人员的经验之上，而采购人员对下游产品汽车的销量情况并没有很充分地了解，对普通玻璃制订的采购计划也没有较为科学的采购依据，最终导致了企业普通玻璃存货水平较高，货物积压，存货成本始终处于较高水平，并且占用了大量资金。针对这一情况，本书先提出了对普通玻璃的分类管理模式，再在销售预测和建立经济订货模型的基础之上，结合企业目前库存的普通玻璃的实际情况，为企业普通玻璃计算出合理的采购批量，从而减少企业普通玻璃的库存水平，避免货物积压，在降低存货风险的同时，减少存货对资金的占用，优化企业存货管理。

4.1.2　ABC 分类管理模式

汽车普通玻璃的种类，依据安装于汽车不同部位，可分为侧窗玻璃、前挡玻璃、后挡玻璃和天窗玻璃等。每一类型的玻璃又分多个型号，如果对所有型号的玻璃同等对待，会形成较为粗放的管理模式，使管理效率低下，造成一部分型号的汽车玻璃出现库存积压，而另一部分型号的汽车玻璃会因缺货产生缺货成本，这些都不利于企业的日常经营。因此，对汽车普通玻璃进行管理、实现科学分类十分重要，对于企业的绩效有重要影响。

从对企业主管的访谈中笔者了解到，企业目前的汽车玻璃型号有两万多种，因数据量庞大，无法调出企业剩余库存的数据。因此，本书提供分类方法框架，可供企业根据实际情况参考。

具体分类步骤如下：

根据 ABC 分类方法的定义，本书综合考虑了销量及成本因素，对普通玻璃进行分类。通常销量高的玻璃企业会经常使用，因此企业对此类玻璃的采购计划要有科学的采购依据，从而能够进行合理的批量采购，而对于销量低的玻璃企业可以进行专门管理，再通过单品的成本高低进行区分。以普通玻璃的成本和销量为坐标，把普通玻璃分为 A、B、C 三类。如图 4－2 所示，销量低成本高的为 A 类，销量低成本低的为 C 类，销量高成本低、销量高成本高的为 B 类。

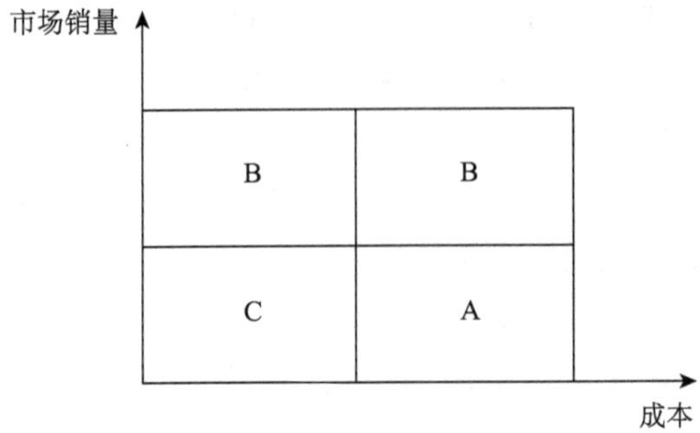

图 4-2 ABC 分类模式

资料来源：项目组自行设计。

按照 A、B、C 这三个种类对仓库进行分类管理，A 类和 C 类由于销售量较低，所以安全库存可以适当降低，且 A 类的安全库存是最低的。A 类的成本较高，要特别考虑破损率的问题。B 类属于销量较高的，所以本书要根据相关数据计算采购量，从而确定其安全库存量。

4.1.3 经济订货模型

针对普通玻璃，制订合理采购计划的步骤为：第一步，对普通玻璃未来销售情况进行合理的预测，本书根据企业产品的销售特点，采用季节指数变动法进行预测；第二步，为保证企业销售活动能够顺利进行，需要为企业设定合理的安全库存水平；第三步，确定合理采购量。在确定合理的预测数量和安全库存量的基础上，设计方案以计算合理的采购量。本书根据现有理论研究并结合企业实际情况，分别设计了定量不定期订货模型和定期不定量采购两种模型，根据计算结果，选择企业采购方案。

(1) 销售预测

本书采用季节指数变动法进行销售量预测。季节指数变动法，是根据时间序列中的数据资料，发现时间序列中含有的季节性变动特征，进而对所呈现的季节变动规律性进行预测的一种方法。

本书先根据公司的历史财务数据，对未来该存货的需求量进行预测。需求量预测的方法分为定量分析法和定性分析法，定量分析法又分为趋势分析法和因果分析法。根据企业调研，普通玻璃销量存在季节性波动，通常夏季高、冬季低，因此，采用季节指数变动法进行销售量预测。

根据企业负责人的介绍及建议，企业销售情况最佳的玻璃为奥迪 C6A6 和奥迪 C7A6 的前挡玻璃（以下分别简称为"C6A6"和"C7A6"），以这两种产品进行销售预测，对企业合理确定库存量，具有代表性。因此本书以这两种型号的玻璃为研究对象，并根据企业提供的资料，绘制出两种型号玻璃的销售量变动图，如图 4－3 和图 4－4 所示，可以看出这两种型号玻璃存在一定的季节变动规律，均为 6 月销量最高，2 月销量最低。因此，本书确定采用趋势分析法中的季节指数法进行销售预测。

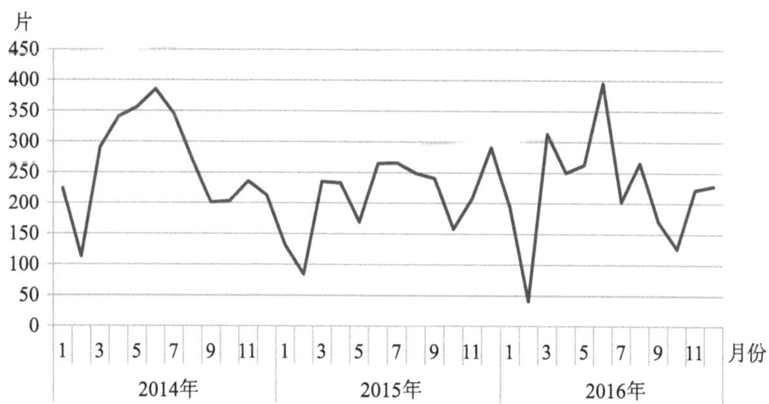

图 4－3　2014—2016 年 C6A6 销量月趋势

资料来源：企业调研所得销售数据。

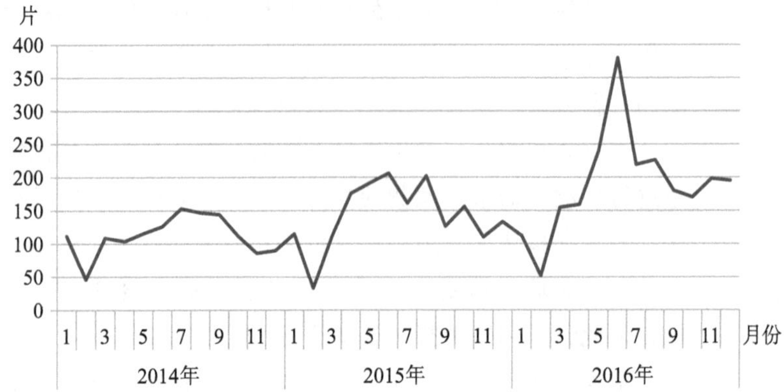

图 4-4 2014—2016 年 C7A6 销量月趋势

资料来源：企业调研所得销售数据。

运用季节指数法进行销售预测，步骤如下：

①求出三年同月销售量的平均数（X）；

②求三年间所有月份销售量的平均数（B）；

③计算月份季节指数（N）；

$$N = X/B \tag{4-1}$$

④计算修正 2017 年各月份预测值；

$$Y_t = (a + b \times T) N_i \tag{4-2}$$

⑤建立时间序列方程式，$Y = a + b \times T$；

为避免 0 的影响，假设 T = -35，-33，-31，-29，…，-1，1，…，29，31，33，35；

$$a = \sum y_t/n - b\sum y_t/n = \sum y_t/n \tag{4-3}$$

$$b = (\sum y_t T - n \times \sum T/n \times \sum y_t/n)/[\sum T^2 - n(\sum T/n)^2]$$

$$= \sum y_t T/\sum T^2 \tag{4-4}$$

式中，n 为月份数；

⑥修正 2017 年各月份预测值。

$$A_i = (a + b \times T')N_i \tag{4-5}$$

为测试本方法对企业 C6A6 与 C7A6 型号汽车前挡玻璃

销售预测的适用性，根据式（4-1）—式（4-5），对 2016 年数据进行验证，结果如表 4-1 所示。

表 4-1　**2016 年 C6A6 与 C7A6 预测数与实际数**　单位：片

月份	C6A6		C7A6	
	2016 年预测	2016 年实际	2016 年预测	2016 年实际
1	155	193	142	112
2	85	41	50	52
3	222	313	143	155
4	240	250	184	159
5	217	263	204	239
6	265	395	224	380
7	246	202	215	219
8	206	266	243	226
9	173	170	191	180
10	140	126	192	170
11	169	222	142	198
12	190	228	164	195
总量	2308	2669	2095	2285

数据来源：依据企业调研所得数据整理、计算。

根据实际调研，获取企业 2014—2016 年的销售数据资料，其中，采用 2014 年、2015 年的数据进行预测。在常规预测中需要三年数据，而本次验证由于条件有限只采用了两年数据，但总体趋势与企业实际销售一致，因此认为本方法适用于企业 C6A6 和 C7A6 的销售预测。

根据 2014—2016 年销售数据资料，对 2017 年 C6A6 和 C7A6 型号玻璃进行销售预测，结果如表 4-2 所示，2017 年 C6A6 年销量预测值为 2417 块，C7A6 年销量预测值为 2768 块。可以看出，2017 年 C7A6 的销售预测量高于 C6A6 的销售预测量，与图 4-4 中 C7A6、C6A6 的增长趋势相同。

表 4-2　　2017 年 C6A6 和 C7A6 销售预测　　单位：片

月份	C6A6	C7A6
1	164	160
2	71	63
3	247	184
4	242	218
5	230	275
6	303	364
7	234	276
8	225	303
9	174	240
10	138	237
11	187	216
12	204	233
总量	2417	2768

数据来源：依据企业调研所得数据整理、计算。

（2）安全库存

①安全库存量。若企业的存货耗用速率和订货提前期保持稳定，企业可以及时按照经济批量发出采购订单进行采购，则可在原有库存耗竭时恰好保证新购存货入库（图 4-5）。

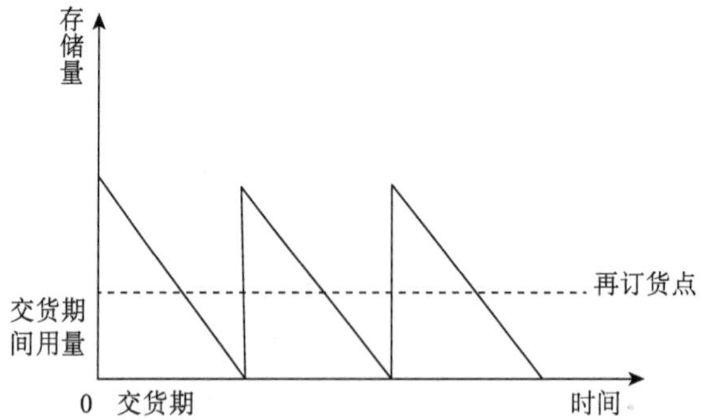

图 4-5　存货耗用速率和订货提前期稳定时的库存量

若企业某项存货的消耗速度快于预估速度，或者实际的订货提前期比预期的长，就有发生库存为零的可能性。两种库存耗竭的情况，可分别用图 4－6 和图 4－7 表示。

由于企业增加了存货消耗量，企业可能出现采购的新存货尚未入库，而原有库存已经消耗殆尽的情况（图 4－6）。

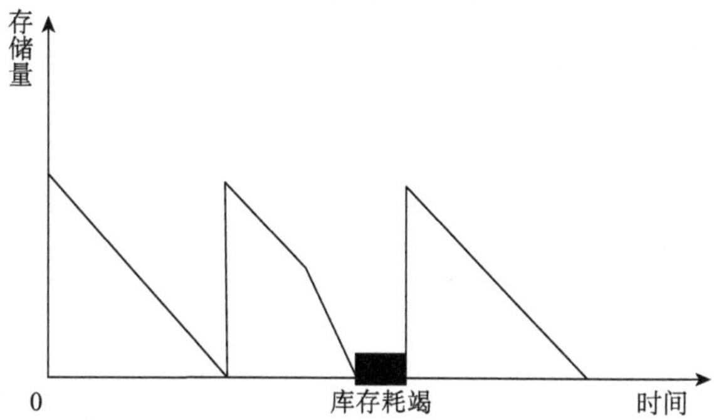

图 4－6　存货消耗量增加而库存耗竭时的库存量

由于企业从供应商方采购的商品尚未入库，但日常耗用量保持不变，以致库存耗尽（图 4－7）。

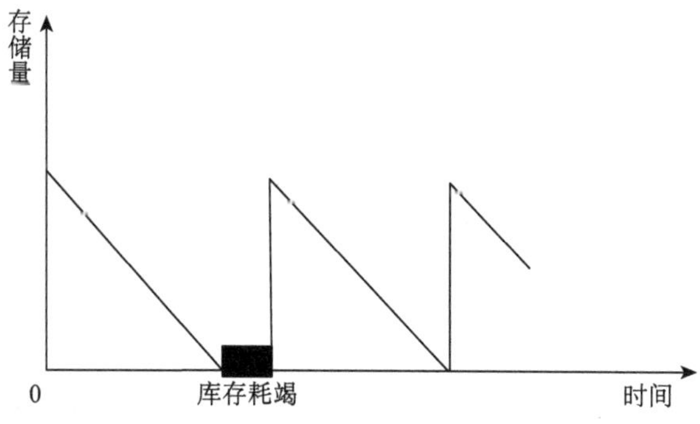

图 4－7　到货期延长而库存耗竭时的库存量

与企业相关人员沟通得知，企业存在库存耗竭的情况多为第一种，即存货耗用突然加快导致的库存耗竭。企业若出现库存耗尽的情况，一般会通过临时采购来补充库存，但这样既给企业增加成本，也会由于缺货造成客户满意度下降，给企业带来一系列不利影响。因此，企业应合理确定安全库存量，并建立完备的保险储备机制，将企业的损失降到最小。

如图4－8、图4－9所示，若企业设定了科学的安全库存量，一般能满足企业临时增加的存货使用量或者缓解订货提前期变动而带来的存货短缺压力，在企业新采购的商品入库之前降低缺货风险。

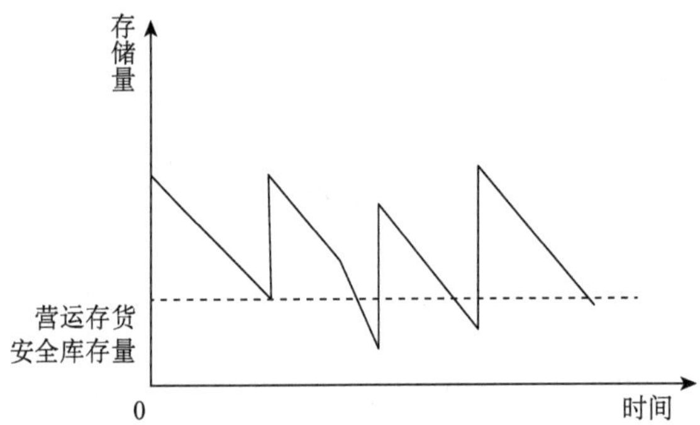

图4－8 安全库存下存货消耗量增加而库存耗竭时的库存量

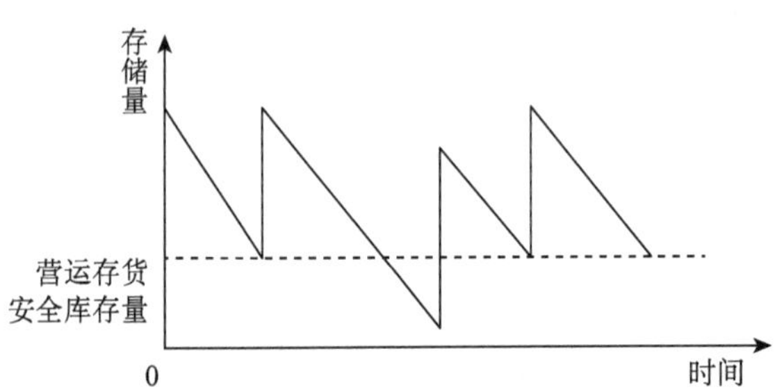

图4－9 安全库存下到货期延长而库存耗竭时的库存量

②确定安全库存量。企业实际库存消耗情况与预计水平存在差异，往往企业实际库存消耗情况可能是不确定的，有时企业存货消耗会忽然加快，因此有必要确定安全库存量，

如图 4－10 所示。

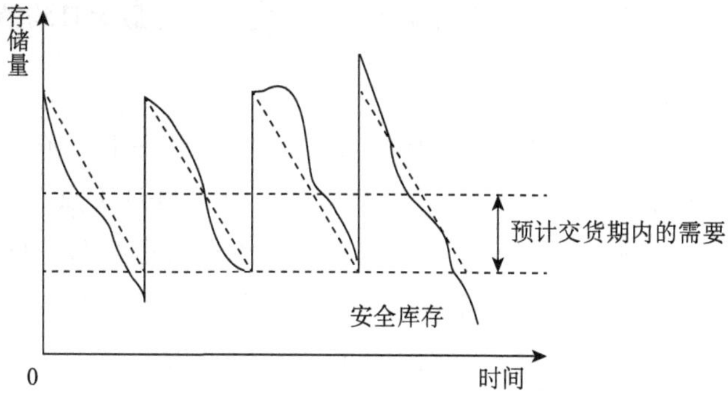

图 4－10　安全库存量

企业安全库存量可以由企业预计最大日消耗量和最长收货时间来确定，可能的日消耗量越大，收货时间越长，企业所保持的安全储备水平越高，具体可用下述公式表示：

$$Z=\frac{1}{2}(mh-nt) \tag{4-6}$$

公式中，m 表示预计最大日消耗量，h 表示预计最长收货时间，n 表示平均每日的耗用量，t 表示企业从开始采购到商品全部入库并验收所耗费的时间，即订货提前期。

其中，预计最长收货时间 h 和订货提前期 t 通过咨询企业主管获取数据，最大日消耗量 m 与平均每日消耗量 n 由企业历史数据得出，具体计算过程如表 4－3 所示。

表 4－3　企业每月日均需求量

月份	月需求量	每月日均需求量
1	A1	d1 = A1/30
2	A2	d2 = A2/30
3	A3	d3 = A3/30
…	…	…
12	A12	d12 = A12/30

其中，n（日均消耗量）$=\frac{\sum_{t}^{12} dt}{12}$，m（最大日均消耗量）= Max(dt)

③再订货点的确定。提前进货的条件下，企业再次发出订货单时，尚有存货的库存量，即“再订货点”。为保证企业正常、持续经营，企业必须在库存耗尽之前进行采购，这就涉及如何确定企业何时再次订货的问题，即“再订货点”问题。一般来说，确定再订货点时考虑的因素有：

第一，平均每日耗用量 n 片；

第二，企业从发出采购订单到商品入库并验收所耗用的时间 t。

则再订货点的公式为：

$$R = nt \tag{4-7}$$

安全库存会影响再订货点的计算，考虑安全库存后的再订货点 R 为：

$$R = nt + Z = \frac{1}{2}(mh + nt) \tag{4-8}$$

（3）定量不定期订货模型——经济订货批量模型

对于普通玻璃来说，首要解决的是订货量多少的问题，而解决此类问题最常用的工具就是经济订货批量模型。经济订货批量模型有多种形式，常用的是两种形式：一是基本经济订货批量模型；二是有数量折扣的经济订货批量模型。基于企业实际情况，针对 BJF 企业，设置适用条件，并在传统经济批量模型的基础上进行改进，以便更契合企业。

根据企业实际情况本模型有以下 8 个约束条件：

①本模型适用于需要批量订货的库存商品，具体来说，仅适用于上述分类中的 B 类玻璃，即销量高的普通玻璃。

②企业存在允许缺货和数量折扣情况，数量折扣 r 为 2%。

③A 为企业年销售量，企业到货方式为集中到货，不存在陆续到货的情况。

④就成本而言，企业订货成本极小，可忽略不计。

⑤缺货成本包括因缺货造成的利润损失和再订货成本，再订货成本可忽略不计，因此，本模型中的缺货成本仅指因缺货造成的利润损失。

⑥企业可以利用闲散资金进行投资等理财活动，根据与企业负责人的访谈，企业的资本成本率为 5% 左右，因此存在资金占用机会成本，资金收益率（机会成本率）按照 5% 计算。

⑦运输途中和储存过程中存货破损情况不受过多关注，可忽略不计。

⑧假设到货均为整箱到货。

模型基本公式为：

$$相关总成本 = 购置成本 + 变动储存成本 + 缺货成本 \tag{4-9}$$

其中，购置成本包括采购价款和运输费用，变动储存成本为存货占用资金（主要包括采购价款和储存费用）的机会成本，缺货成本即企业因缺货造成的利润损失。

每一种成本的具体构成如表 4－4 所示。

表 4－4　企业存货相关总成本构成

项目	内容
购置成本	采购价款及运输费用
变动储存成本	存货占用资金的机会成本
缺货成本	因缺货造成的利润损失

资料来源：企业调研所得。

$$购置成本=采购价格+运输费用=AP_2(1-r)+A/Q\times M \tag{4-10}$$

$$变动储存成本=平均储存量\times 单位存货占用资金的机会成本 \tag{4-11}$$

假设 t_1 为有货期天数，t_2 为缺货期天数，d 为存货使用率。

$$平均储存量=\frac{有货期平均储存量\times t_1+缺货期平均储存量\times t_2}{t_1+t_2} \tag{4-12}$$

而缺货期平均储存量因为缺货，所以储存量为 0，因此，

$$平均储存量=\frac{\frac{1}{2}(Q-S)\times t_1}{t_1+t_2} \tag{4-13}$$

$$t_1=\frac{Q-S}{d} \tag{4-14}$$

$$t_2=\frac{S}{d} \tag{4-15}$$

将式（4－14）和式（4－15）代入式（4－13），可以得出：

$$平均储存量=\frac{\frac{1}{2}(Q-S)\times\frac{Q-S}{d}}{\frac{Q-S}{d}+\frac{S}{d}}=\frac{(Q-S)^2}{2Q} \tag{4-16}$$

与企业负责人访谈了解到，单位存货的储存成本约为 10 元，因此，

$$变动储存成本=\frac{(Q-S)^2}{2Q}\times[P_2(1-r)e+10] \tag{4-17}$$

同理，可推出：

$$平均缺货量=\frac{S^2}{2Q} \tag{4-18}$$

$$缺货成本 = \frac{S^2}{2Q} \times [P_1 - P_2(1-r)] \qquad (4-19)$$

因此，相关总成本 TC 可表示为：

$$TC = \left[AP_2(1-r) + \frac{A}{Q} \times M\right] + [P_2(1-r)e + 10] \times \frac{(Q-S)^2}{2Q} + \frac{[P_1 - P_2(1-r)]S^2}{2Q} \qquad (4-20)$$

其中，P_1 为销售价格，P_2 为采购价格，r 为价格折扣率，确定为 2%，M 为每次采购运输成本（1850 元），e 为资本收益率，确定为 5%，S 为缺货量，Q 为经济订货批量。为便于计算，本书对公式（4－20）做如下变形：

$$\begin{aligned} TC &= \left[AP_2(1-r) + \frac{A}{Q} \times M\right] + [P_2(1-r)e + 10] \times \frac{(Q-S)^2}{2Q} + \frac{[P_1 - P_2(1-r)]S^2}{2Q} \\ &- AP_2(1\quad r) + \frac{AM}{Q} + \frac{[P_2(1-r)e] \times Q}{2} \\ &- A[P_2(1-r)e + 10] \times S \\ &+ \left[\frac{[P_2(1-r)e + 10] + [P_1 - P_2(1-r)]}{2Q}\right] \times S^2 \end{aligned}$$

①令 $\frac{\partial}{\partial S}TC = 0$，则有：

$$\frac{\partial}{\partial S}TC = \left[\frac{[P_2(1-r)e + 10] + [P_1 - P_2(1-r)]}{Q}\right] \times S - [P_2(1-r)e + 10] = 0 \qquad (4-21)$$

$$\begin{aligned} S &= \frac{P_2(1-r)e + 10}{\left[\frac{P_2(1-r)e + 10 + (P_1 - P_2(1-r))}{Q}\right]} \\ &= \frac{(P_2(1-r)e + 10) \times Q}{(P_2(1-r)e + 10) + (P_1 - P_2(1-r))} \end{aligned} \qquad (4-22)$$

②令 $\frac{\partial}{\partial Q}TC = 0$，则有：

$$\frac{\partial}{\partial Q}TC = -\frac{AM}{Q^2}+\frac{P_2(1-r)e+10}{2}+\frac{-[(P_2(1-r)e+10)+(P_1-P_2(1-r))]\times S^2}{2Q^2}=0 \tag{4-23}$$

③将①中的 S 代入②中有：

$$Q=\sqrt{\frac{2AM}{P_2(1-r)e+10}\times\frac{[P_2(1-r)e+10]+[P_1-P_2(1-r)]}{P_1-P_2(1-r)}} \tag{4-24}$$

此时，Q 为经济订货批量。

（4）定期不定量订货模型

定期不定量订货方法是指按照之前采购计划确定的订货间隔和频率进行采购的一种方式，在这种方式下，企业在预先设定的固定期限，结合企业生产需求与库存现状，确定采购数量。与企业沟通可知，其订货次数与上游供应商生产周期有关，所以固定每月订货，企业目前的重点是确定每月的采购量，减少库存占用量。基于此，本书提出定期不定量订货模型。主要需要解决两个问题，一个是预先确定订货间隔，另一个是计算不定量订货的标准。

由于企业固定每月订货，所以模型的订货间隔就是一个月。

在定期不定量订货模型中，不定量的需求由安全库存和销售预测需求决定。安全库存量的计算方法可见公式（4-6）。其中，m 为最大日均消耗量，n 为平均每日耗用量，h 为预计最长订货周期，t 为企业从发出采购订单到商品入库并验收所耗用的时间，即订货提前期。

销售预测根据季节指数法确定。

$$采购量=销售预测+安全库存-期初库存 \tag{4-25}$$

4.2 进口玻璃——“零库存”管理模式

4.2.1 进口玻璃管理现状

企业汽车车型可分为国产车型和进口车型，相应地，保险公司把车险也分为国产玻璃险和进口玻璃险。基于客户的消费需求和心理，进口汽车的前挡玻璃多采用进口玻璃，但由于进口玻璃运费较高，且价格比较昂贵，在五千元到几万元不等，容易受到汽车玻璃市场价格波动的影响，因此 BJF 目前原则上对这一类型玻璃不进行备货，如有客户需要，再根据实际情况备货。

基于以上原因，BJF 对进口玻璃的存货管理可以采取“零库存”管理模式，原则上不进行备货，而在销售时与客户协商，有需求时再向供应商订货，以减少资金占用。

4.2.2 “零库存”管理实施条件

（1）市场条件

根据《智研咨询》发布的汽车玻璃市场相关的研究报告，受全球汽车需求稳定上升的影响，2012—2015 年，全球汽车玻璃行业以年均复合 3% 的速度增长，2016 年全球汽车玻璃市场规模达到 113 亿美元（元哲咨询，2017）。此后，汽车玻璃行业继续受益于汽车市场的发展，产销量呈增长趋势。2018年，全球汽车玻璃市场规模193亿美元，同比增长1.18%，2015—2018年复合增长率为4.67%（黄秀瑜、刘兴文，2021）。2018年后由于汽车产量的小幅下降，汽车玻璃的需求也出现了回落，且连续三年呈下降趋势（智研咨询，2023）。2020年全球汽车玻璃市场价值为190亿美元，疫情导致汽车产量大幅下滑，这种低迷直接影响了2020年的汽车玻璃需求（财富商业洞察，2024）。2021年全球经济在疫情中复苏，但复苏基础不稳定，与此同时，地缘政治局势紧张等问题使2021年全球汽车玻璃市场规模仅为147亿美元，全球供应链体系在重构，全球经济的恢复增长还需要一个过程，2022年全球汽车玻璃市场规模为149亿美元（QYResearch，2023），超过2021年，呈现缓慢增长特征。

汽车玻璃行业是汽车行业的附属配套行业，汽车玻璃作为汽车的互补品，其市场需求与对汽车的市场需求具有正相关关系。近年来汽车消费的增长带动了汽车玻璃行业的快速发展。根据《财富商业洞察》发布的最近五年中国汽车玻璃市场相关的研究报告（财富商业洞察，2024），在现有政策和振兴汽车行业的新刺激措施的推动下，2023年全球汽车玻璃市场规模为182.3亿美元，预计该市场将从2024年的198.6亿美元增长到2032年的425.9亿美元，预测期内复合年增长率为10%。中国和印度是促使市场规模增长的主要驱动国家。经济条件的改善和人口的高速增长使汽车产量增加，中国和印度消费者对SUV的偏好（与其他车辆相比，它们需要更多的玻璃）导致对该产品的需求增加。从产品市场上看，交通运输和物流业的快速增长，推动了重型汽车的生产，全球可支配收入的增加和人口的增长促进了汽车的制造和销售，这些关键因素共同推动了汽车玻璃市场规模的增长。同时，伴随着经济的稳步发展和人民生活水平的日益提高，中国汽车玻璃市场实现了较快增长。根据2023年贝哲斯咨询的预测，国内汽车玻璃行业市场在未来 5 年内年复合增长率可能为 5.8%。随着我国经济的稳定回升，新能源汽车为汽车市场注入新动能，到 2026 年，中国汽车玻璃市场规模将有望进一步扩大，将达到 421 亿元。汽车玻璃行业的快速发展，其市场环境为进口玻璃的“零库存”管理提供了有利的外部环境。

（2）物流条件

根据调研，BJF 有固定合作的物流商，构建了完善的物流网络，覆盖了北京及整个华北地区。在销售过程中，若同一地区的某一家门店出现缺货，企业可以与其他门店协商实现货物之间的调配，能够在较短时间内实现门店之间的货物调配。因此，BJF 各门店之间的物流网络较为完善，拥有较为成熟的配送模式，为“零库存”管理模式的实施创造了可行条件。

（3）供应商条件

BJF 的存货主要来源为 F 集团，其上游供应商十分稳定。而 BJF 对 F 集团而言，是 F 集团在华北地区完成销售活动的重要保障，两者有着坚实的合作基础。而且，BJF 的少量存货来源于其他供应商，这部分存货在整体采购份额中占比极小。BJF 与这些供应商的合作也比较稳定，保持着良好的合作关系。因此，BJF 在进口玻璃的管理中实施“零库存”管理模式，能够达到供应商条件的要求。

4.2.3 “零库存”管理模式

基于上文讨论，再根据与企业主管的访谈，BJF 对进口玻璃可以采用“零库存”管理模式。BJF 认为，在实施过程中，和供应商的相互关系、管理的措施、适当的计划等因素至关重要，同时也存在着部门之间协调性差、采购产品类型多等困难。据此，本书试图从“零库存”管理成功的关键因素入手，解决进口玻璃管理存在的困难。根据实际调研，本书将调研结果进行整理并分析，具体分述如下（调研表见附录3）。

（1）BJF实施零库存管理模式的关键因素

“零库存”管理模式的核心是面向需求的采购，即依据客户需求订货。本书分析总结了BJF实行“零库存”管理模式的关键因素。具体结果如表4－5—表4－8所示。

表4－5 “零库存”管理模式成功的关键因素

问题	关键程度（1为不重要，5为非常重要）				
	1	2	3	4	5
和供应商的相互关系			√		
管理的措施					√
适当的计划					√
部门协调					√
进货质量					√
长期的合同协议			√		
采购的物品类型	√				
特殊的政策与惯例	√				

资料来源：企业问卷调研。

从BJF企业的实际情况出发，企业将“零库存”管理模式成功的关键因素分为3种。其中，适当的计划、部门协调、管理措施和进货质量是保证“零库存”管理模式能成功实施的最为重要的关键因素；企业与供应商的相互关系、长期的合同协议，比较重要；而采购的物品类型和特殊的政策与惯例对“零库存”管理模式能否成功实施的影响较小。

表 4－6　　BJF“零库存”管理模式解决库存管理问题的可能性

问题	解决可能性（1 为无法解决，5 为完美解决）				
	1	2	3	4	5
空间减少					√
成本减少	√				
改进用户服务			√		
及时交货	√				
缺货问题	√				
改进资金流				√	
提前期减少	√				

资料来源：企业问卷调研。

通常，“零库存”管理模式能有效地解决企业库存占用的问题。BJF 认为，实施“零库存”管理模式能够帮助企业很好地解决减少库存占用空间问题，并能改进企业资金流，对用户服务也有一定的改进作用；但由于每种产品进货量不大，从而并不能为企业降低总成本，同时企业基本不存在缺货、及时交货、提前期长等问题。

表 4－7　　BJF 实施“零库存”管理的困难因素

问题	可能面临的困难（1 表示不困难，5 表示非常困难）				
	1	2	3	4	5
缺乏供应商的支持	√				
部门之间协调性差					√
缺乏对供应商的激励	√				
采购物品的类型					√
进货物品质量差	√				
特殊政策与惯例	√				

资料来源：企业问卷调研。

BJF 认为，“零库存”管理实施过程中最困难的问题，在于部门之间协调性差和采购物品的类型多；企业基本不存在供应商问题、进口物品质量、特殊政策与惯例等相关问题。

表 4-8 与供应商有关的“零库存”管理问题

问题	供应商影响因素的重要程度（1 表示不重要，5 表示非常重要）				
	1	2	3	4	5
很难找到好的供应商	√				
供应商不可靠	√				
供应商太远	√				
供应商太多	√				
供应商不想频繁交货	√				

资料来源：企业问卷调研。

BJF 认为供应商带来的影响因素，不会对企业实施“零库存”管理形成阻碍，而据企业调研可知，目前 BJF 进口玻璃的供应商为有进口权的国内供应商，存货采购渠道稳定，因此，供应商因素对 BJF 实施“零库存”管理的影响不是很大。

通过调研和对表 4-5—表 4-8 的分析，本书可得出以下三点结论：

第一，BJF 相关管理人员认为，公司的相关管理措施、适当的计划、部门协调、进货质量是零库存管理中最为重要的因素。BJF 通过有进口权的国内供货商采购进口玻璃，若出现缺货状况也可在各门店之间进行调货，从而保证了到货的及时性，供应流程较为稳定，因此与供应商的关系并不是企业目前重点考虑的问题。

第二，部门之间协调性差和采购物品类型繁多是企业主管认为“零库存”管理难以实现的首要原因，因此 BJF 应完善采购部门和销售部门的沟通机制，实现信息共享，设计有效的存货分类管理模式，从而降低“零库存”管理的实施困难。

第三，“零库存”管理能够为 BJF 带来的最重要的好处就是为企业节省存储空间以减少仓储成本，减少资金占用以改进资金流。

（2）实施“零库存”管理的建议

①建立实施“零库存”管理的组织。“零库存”管理模式的实施并非只涉及企业某一个部门，而是贯穿于企业采购、运输、仓储、销售的整个过程中。因此，企业相关领导首先必须充分认识到实施“零库存”的重要性，并从实际行动中予以支持，可通过成立临时领导小组、委员会等组织进行专门管理，对各个型号的进口玻璃制定适当的计划，并协调会参与到“零库存”管理模式中的各部门的关系，推动“零库存”管理项目的实施。

②加强信息系统的建设。为保证各部门能够有效合作，首先要实现信息共享，企业通过加大信息建设投入，建设并不断完善公司自身的信息系统，在现有互联网技术和通信技术的基础上，尝试构建完善、高效的网络商务平台，并及时进行维护，灵活使用。通过信息系统的建设，企业能够将供应链上的各个环节紧密结合起来，提升供应链的整体性与协调性，最大限度地提升供应链的运行效率，为实施“零库存”提供基础。在这个基础上，信息系统可将企业的需求状况及其他信息及时反馈到供应链的各环节，使各厂商能迅速作出回应。物流过程也会变得更加便捷，供应商能够在企业需求提出时同步作出反应，最大限度降低库存水平。

③建立快速客户反应机制。“零库存”管理下的采购，是在企业需求导向下、能够实现采购商品准时到达的采购。因此，对客户的需求作出迅速反应是“零库存”管理顺利实施的关键因素。快速反应系统是指企业通过与供应商之间建立战略合作伙伴关系，在信息网络技术和通信技术发展的

基础上，实现企业的具体销售时点、需要供应商进行补充订货等相关信息的传递，以方便供应商连续补货，从而提升供应效率。因此，这种供货模式具有数量小、频率快的特点，能够提升客户服务质量，降低库存成本、缺货成本和商品的供应风险，实现销售额和利润的稳步增长。

目前，BJF 建有 18 家销售门店，通过建立快速客户反应机制，能够把这些客户需求迅速反应给采购部门和仓储部门，采购部门通过准时化采购及时满足客户需求。在这种模式下，BJF 能够有效降低存货水平，提高客户服务水平，同时降低公司的储存成本，使运作反应更为迅速，提高了空间利润率。

④加强员工教育与培训。企业要想实施一套新的管理模式，在领导重视的同时，必须实现全员参与。企业通过加强对员工的培训，对其进行新的管理思想的灌输，使他们明确相关标准，能够最大限度地降低实施“零库存”管理模式的阻碍。只有企业的每一个员工都真正参与“零库存”管理模式的建立，才能保证其顺利实施。

4.3 镀膜玻璃——汽车销售量与集团生产量二维模式

4.3.1 镀膜玻璃管理现状

镀膜玻璃也称反射玻璃，是 F 集团的新产品，其通过在玻璃内表层镀上 6—13 层纳米级的金属膜，以提高玻璃的隔热、防晒、保温、透光率、防眩目等使用性能，来满足客户的某种特定要求，这种玻璃硬度更高，但可见光仍然符合国际标准，提高了行车过程的舒适性及安全性。因此，镀膜玻璃的未来发展潜力不容小觑。F 集团所生产的镀膜玻璃属于低碳环保产品，目前配套车型有路虎极光等。

BJF 的镀膜玻璃仅应用于汽车前挡玻璃，由于保单投保的玻璃通常是普通玻璃，更换镀膜玻璃不在汽车玻璃破损险理赔范围内，保险客户需要补付差价才能更换成镀膜玻璃，而镀膜玻璃的价格相较普通玻璃也更为昂贵，基本每块成本一两千元，购买镀膜玻璃的客户并不是很多。但基于镀膜玻璃可以节省普通玻璃贴膜的时间和成本，且较普通玻璃而言，性能有所提升，因此，会有一些客户选择这种产品。目前企业根据集团生产情况，对少数热销车型的镀膜玻璃进行备货。

4.3.2　镀膜玻璃管理的关键因素

据前文分析，企业镀膜玻璃的特点包括应用范围单一、购买客户少、单品价格高，因此本书建议企业在采购镀膜玻璃时，可结合以下三个因素制订采购计划：

（1）客户选择

若保单上规定投保普通玻璃，公司会询问客户是否需要更换为镀膜玻璃。由于镀膜玻璃能够改善玻璃的隔热、防晒、保温、透光率、防眩目等使用性能，客户选择易发生改变。这部分需求的不确定性，会使公司镀膜玻璃的备货存在一定的不确定性。

（2）汽车销售量

汽车作为汽车玻璃的下游市场产品，由于受到汽车玻璃型号的限制，其销量情况会对汽车玻璃的销售产生一定影响。镀膜玻璃主要应用于汽车前挡，其性能对比普通玻璃有所提升，单片价值高，为避免镀膜玻璃的积压浪费，只有热销的车型公司才会备货一定数量。本书整理了2014—2016年各车型轿车销量前五名的汇总（见附录1），公司在进行备货决策时可以用作参考。

（3）集团产量

F集团作为BJF的供应商，其镀膜玻璃生产情况将直接影响BJF的镀膜玻璃备货情况，因此，可参考集团实际的镀膜玻璃生产情况订货。

4.3.3 汽车销售量与集团生产量二维模式

企业在销售活动中占据一定的主导地位，若客户选择发生改变，企业能够通过与客户进行协商保证销售活动顺利完成，因此企业在进行镀膜玻璃备货决策时，应主要考虑市场销量和集团产量这两个因素，本书结合这两个因素，建立了汽车销售量与集团产量二维模式，由于BJF的供货来源稳定，因此，企业应首要考虑汽车市场中销量情况，对于销量高的、集团有生产的镀膜玻璃进行一定量的备货，具体的维度如图4-11所示。

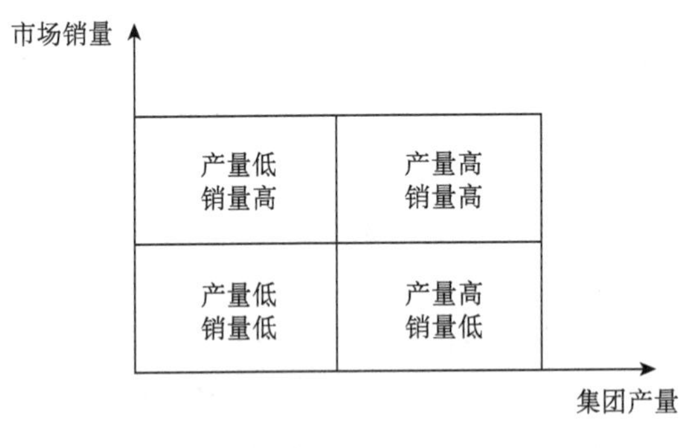

图4-11 汽车销售量与集团产量模式

资料来源：项目组自行设计。

4.4 企业存货管理系统初步设计

4.4.1 问题的提出

本书方案涉及采购系统、销售系统和库存系统。

采购系统是集采购申请、采购订货、进料检验、仓库收料、采购退货、购货发票处理、供应商管理、价格及供货信息管理、订单管理以及质量检验管理等功能于一体，通过对企业采购物流和资金流进行控制追踪，建立企业物资供应信息管理的系统。

销售系统是管理客户数据和销售业务数据的工具。其主要功能包括管理客户档案、销售线索、销售活动、业务报告和统计销售业绩等。

存货系统是对商品的进货、销售、库存、财务的收付款等进行一体化管理的数据库系统。其主要功能包括入库管理、出库管理、收付款管理、商品资料管理、用户信息以及客户资料管理等。

前文中提到，目前 BJF 的采购部门、销售部门、库存部门之间缺乏有效的衔接与沟通，无法提前做好采购预测计划，采购人员多凭经验采购，易形成库存积压。此外，企业采购流程较短，过程缺乏管理，销售不能及时确认，库存部门未能及时盘点的情况时有发生。因此，本书拟进行存货管理系统的初步设计，以解决部门间信息沟通不畅的问题。

4.4.2 存货管理系统初步设计

在 BJF 三种玻璃方案设计的基础上，为全面、系统地改善其存货管理问题，完善部门间的沟通机制，本书分别设计了采购系统、库存系统、销售系统。其中，采购系统在系统内形成采购订单并统计采购数据，再分别反馈给销售系统和库存系统。销售系统主要负责销售计划的制订和销售订单的形成，并根据库存量数据判断是否存在缺货，确认销售时形成销售订单，再根据实际销售数据进行销售预测，而这一功能主要针对普通玻璃。另外，销售的实际数据需反馈给库存系统，结合采购量以统计各类玻璃库存量，与安全库存水平比较并判断是否出现缺货状况等，反馈给采购系统以判断是否需要进行订货。

各系统功能及相互之间的联系如图 4－12 所示。

（1）采购模块

①普通玻璃。一是定量不定期模型：根据往年的销售预测数据，制订年度订货计划，公式为：

$$Q=\sqrt{\frac{2AM}{P_2(1-r)e+10}\times\frac{[P_2(1-r)e+10]+[P_1-P_2(1-r)]}{P_1-P_2(1-r)}}$$

其中，A 为销售预测量，M 为玻璃采购运输成本，P_1 为玻璃销售价格，P_2 为玻璃采购价格，r 为折扣率，资本收益率 e 为输入参数。年度订货次数和订货经济批量为输出参数。

当库存系统中显示库存量达到再订货点时，应建立预警提醒，提示进行再订货。将每次采购数据反馈给采购系统，进行采购数据的统计。而统计的销售数据将为下一年销售预测提供数据支撑，形成一个循环系统。

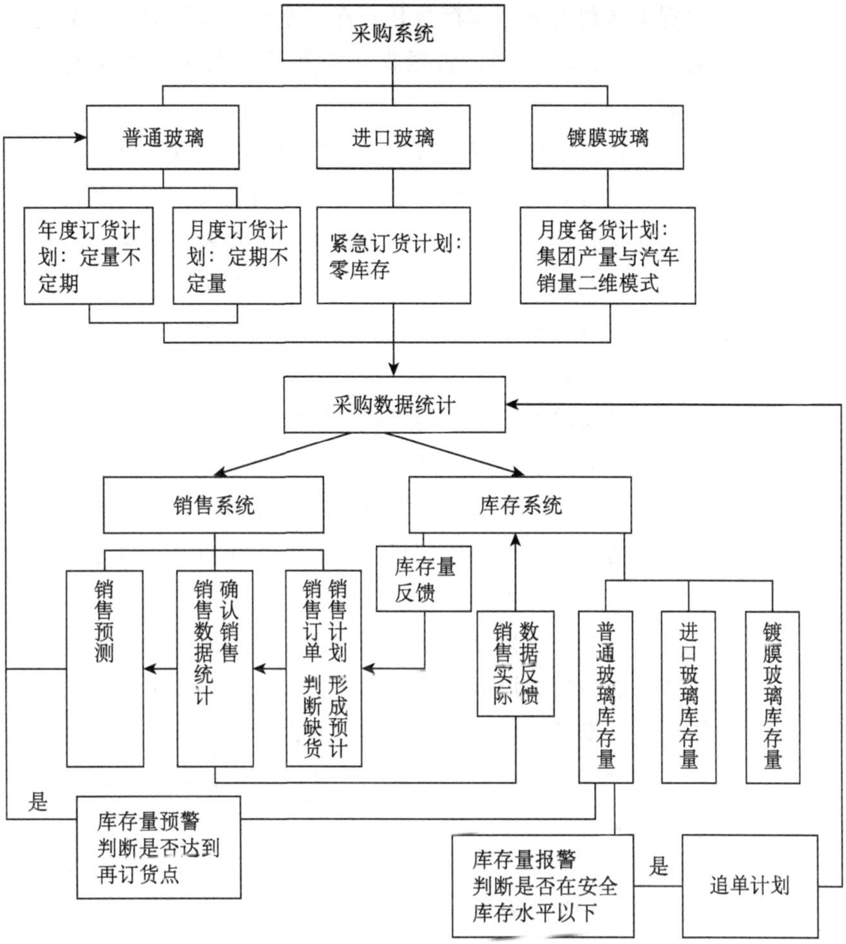

图 4-12　子模块流程

二是定期不定量模型：首先根据以往的销售数据进行预测，制订月度采购计划。在该模型中，不定量的采购量由安全库存和销售预测需求决定。

采购量 Q 的计算公式为：

$$采购量 = 销售预测 + 安全库存 - 期初库存$$

其次对采购数据进一步进行录入、统计处理。库存系统根据采购数据判断库存量是否在安全库存水平以下，若是则需要制订追单计划，将数据进行统计以备下个月进行销售预测。

②进口玻璃。紧急订货计划模块需要实现采购部门和销售部门的有效沟通，同时建立与客户的有效沟通，明确实现信息共享。针对不同种类的进口玻璃设置警戒提醒，当紧急订货模块的库存量趋向于安全警戒时，系统进行提示，以便企业和供应商连续补货，从而提升供应效率。

③镀膜玻璃。在月度备货计划模块中，需要录入相对应型号的镀膜玻璃的市场销量和集团产量两种参数，并依据公司高层意见分别设定市场销量和集团产量的高低标准，从而对公司所拥有的镀膜玻璃进行有效分类，相关决策人员再根据分类结果对各类玻璃制订合理的备货计划。

（2）销售系统

销售模块首先针对采购模块统计的数据和库存系统的库存量反馈的数据形成不同类型的玻璃、具有针对性的销售计划，并初步形成销售订单，判断所售类型玻璃是否缺货。当完成某项销售业务后，确认销售并统计销售数据，将统计结果实时反映到库存系统，为库存变动形成数据支撑。针对普通玻璃，企业结合过去的销售数据，进行合理的销售预测（定量不定期法采用年度预测，定期不定量法采用月度预测），并将预测结果反映到普通玻璃的订货计划中去，减少超额订货和订货不足现象的发生，提高企业订货决策的科学性与合理性。

销售预测方法为季节指数法，需要输入参数为：以前年度的同月销售量平均数 X、以前年度所有月份销售量的平均数 B。

计算公式为：$N = X/B$，输出季节指数 N。

进而计算修正的各月份预测值 Y_t，输入参数为 N_i、a、

b。其中：

$$a = \sum y_t/n - b\sum y_t/n = \sum y_t/n$$

$$b = (\sum y_t T - n \times \sum T/n \times \sum y_t/n)/[\sum T^2 - n(\sum T/n)^2] = \sum y_t T/\sum T^2$$

计算公式为：$Y_t = (a + b \times T)N_i$，输出 Y_t。

继续建立时间序列方程式：$Y = a + b \times T$，最终输出参数为当年各月份修正预测值 A_i。

（3）库存系统

库存系统主要是为公司提供所有产品的库存数据并计算安全库存，库存数据 = 期初库存数据 + 采购数据 − 销售数据，采购部在采购系统内完成采购订单后，相应的采购数据再及时反馈到库存系统中，库存管理人员对采购产品进行验收入库后，用于计算库存数据的采购数据方能确定。另外，销售数据在销售活动完成后直接反馈至库存系统，从而生成各类产品的库存数据。

安全库存公式：$Z = (mh - nt)/2$

在定量不定期模型下，输入的参数为：最大月的日均消耗量 m，平均每月的消耗量 n，预计最长订货周期 h，订货提前期 t。

在定期不定量模型下，输入的参数为：最大日均消耗量 m，平均每日耗用量 n，预计最长订货周期 r，订货提前期 t。

库存系统中，显示库存量在安全库存以下时，建立报警机制，需要紧急追单，并将追单后续情况及时反馈给采购系统和销售系统。

4.5 本章小结

在 BJF 存货管理模式与方案设计部分，考虑到进口玻璃、镀膜玻璃和普通玻璃的特点均有不同，因此本书对三种类型的玻璃分别设计了适合其特点的存货管理方案。

进口玻璃的特点是价值高、购买人群少，适用“零库存”管理模式。在对“零库存”管理实施条件进行分析以及对企业的现实情况进行调研的基础上，认为就目前 BJF 所拥有的条件来看，能够实施“零库存”管理，因此，针对进口玻璃，提出了“零库存”管理模式进行存货管理。

镀膜玻璃是 F 集团的新产品，价格也较昂贵，基本每块成本 1000—2000 元，目前的需求量不是很大，企业可通过对客户选择、汽车销售量及集团产量三个因素进行综合考虑来进行备货决策，而本书将镀膜玻璃按照汽车销售量与集团生产量两个维度划分为四种类型，相对应车型的汽车销量较高的镀膜玻璃可进行一定量的备货，为镀膜玻璃的采购提供了参考。

普通玻璃相对于镀膜玻璃和进口玻璃来说单位价值较低、种类繁多、库存量大，经过分析，先应用改进的 ABC 分类方法对普通玻璃进行分类管理，在此基础上通过构建需求预测模型预测销售需求，以需求来定采购，采购方案包括两种，分别为定量不定期订货模型与定期不定量订货模型，分别采用这两种模型计算普通玻璃的采购量，这种以销定产的方式在改善存货缺货状况的同时又可降低存货积压。

同时本书根据三种玻璃的方案设计，建立 BJF 存货管理系统框架，将存货管理系统分为存货管理总模块和子模块，并结合本书的研究内容简要说明模块的功能和架构，为企业存货管理信息化、数智化提供建议。

第 5 章 方案效果测试

由于企业进口玻璃、镀膜玻璃库存量较小，库存占用资金少，且企业目前能够对其进行较为有效的管理，因此，本书对进口玻璃与镀膜玻璃的库存管理提出如下管理模式：

对于进口玻璃，本书提出采用“零库存”管理方式进行管理。由于进口玻璃运费较高，且价格比较昂贵，容易受到汽车玻璃市场价格波动的影响，客户需求量较少，因此企业目前原则上对这一类型玻璃不进行备货，此外，企业通过有进口权的国内供货商采购进口玻璃，若出现缺货状况也可在各门店之间进行调货，从而保证了到货的及时性，供应流程较为稳定。基于以上原因和现状，进口玻璃适用于“零库存”管理模式。

对于镀膜玻璃，本书提出依据汽车销售量与集团生产量二维模式进行备货。企业的镀膜玻璃仅应用于汽车前挡玻璃，且更换镀膜玻璃不在汽车玻璃破损险理赔范围内，价格相较普通玻璃也更为昂贵，但镀膜玻璃较普通玻璃而言，性能有所提升，因此，一些客户还是会选择镀膜玻璃，目前企业会根据集团生产情况对少数热销车型的镀膜玻璃进行备货。基于以上原因，本书结合市场销量和集团产量这两个因素，建立了汽车销售量与集团产量二维模式，此模式也适合企业镀膜玻璃的管理现状。

对普通玻璃，提出 ABC 分类管理模式。企业的普通玻璃型号众多，库存积压严重，目前并没有有效的管理方法。因此，在 ABC 分类管理的基础上，对销量大的 B 类存货设计采购模型予以订货：提出定量不定期订货模型和定期不定量订货模型。在这一章，为验证针对普通玻璃的两种模型的可行性，本书基于现有企业数据对方案进行效果测试。

本书使用的采购、销售数据均来自 BJF 玻璃有限公司 ERP 系统，售价及成本费用、库存等数据均通过对企业主管和相关负责人访谈获得。调查问卷详见附录 2。

5.1 定量不定期订货模型

5.1.1 经济订货批量

根据上述方案，经济批量 Q 的计算公式为：

$$Q=\sqrt{\frac{2AM}{P_2(1-r)e+10}\times\frac{[P_2(1-r)e+10]+[P_1-P_2(1-r)]}{P_1-P_2(1-r)}} \tag{5-1}$$

其中，Q 表示经济订货批量；A 表示企业年销售量；M 表示每次采购运输成本；P_1 表示销售价格；P_2 表示采购价格；r 表示价格折扣率，定为 2%；e 表示资本收益率，定为 5%。

(1) 2016 年 C6A6 的经济订货批量

企业期初库存 F_0 为 150 片，则

修正后销售量 A ＝销售量－期初库存

＝2669－150＝2519 片　　(5－2)

根据式（5－1）计算可得：Q＝383（片）；A/Q＝6.58，订货次数为 6.58 次，计算如表 5－1 所示。

表 5－1　　2016 年 C6A6 经济批量计算

项目	2016 年
A	2519 片
M	1850 元
P_1	2000 元
P_2	1200 元
e	5%
经济批量	383 片

数据来源：依据企业调研所得数据整理、计算。

其中，A 表示企业 2016 年 C6A6 的销售量；M 表示 C6A6 采购运输成本；P_1 表示 C6A6 销售价格；P_2 表示 C6A6 采购价格；e 表示资本收益率 5%。

(2) 2016 年 C7A6 的经济订货批量

企业期初库存 F_0 为 130 片，由公式（5－2）可得，修正后销售量 A＝2285－130＝2155 片。

根据式 5－1 计算可得：Q＝319，A/Q＝6.76，订货次数为 6.76 次，计算如表 5－2 所示。

表 5－2　　2016 年 C7A6 经济批量计算

项目	2016 年
A	2155 片

续表

项目	2016 年
M	1850 元
P_1	2800 元
P_2	1500 元
e	5%
经济批量	319 片

数据来源：依据企业调研所得数据整理、计算。

其中，A 表示企业 2016 年 C7A6 实际销售量；M 表示 C7A6 采购运输成本。

5.1.2　安全库存和再订货点

根据式（4－24）和式（4－26），计算企业 2014—2016 年的安全库存和再订货点，企业实际的订货提前期为 20 天，预计最长到货时间为 25 天，计算结果如表 5－3—表 5－5 所示。

其中，Z 表示安全库存；R 表示再订货点；m 表示预计最大日消耗量；n 表示平均每日的耗用量；h 表示预计最长收货时间；t 表示企业从开始采购到商品全部入库并验收所耗费的时间，即订货提前期。

表 5－3　2014 年 C6A6 与 C7A6 日均耗用量　单位：片

月份	C6A6 日均耗用量	C7A6 日均耗用量
1	8	4
2	4	2
3	10	4
4	12	4
5	12	4
6	13	5

续表

月份	C6A6 日均耗用量	C7A6 日均耗用量
7	12	6
8	9	5
9	7	5
10	7	4
11	8	3
12	8	3

数据来源：依据企业调研所得数据整理、计算。

$$n(2014,C6A6)=\frac{\sum_{t}^{12}dt}{12}=10\text{ 片};$$

$$n(2014,C7A6)=\frac{\sum_{t}^{12}dt}{12}=5\text{ 片};$$

$m(2014,C6A6)=Max(dt)=13$ 片；

$m(2014,C7A6)=Max(dt)=6$ 片；

$Z(2014,C6A6)=(mh-nt)/2=63$ 片；

$Z(2014,C7A6)=(mh-nt)/2=25$ 片；

再订货点：$R(2014,C6A6)=(mh+nt)/2=263$ 片；

$R(2014,C7A6)=(mh+nt)/2=125$ 片。

表 5-4　2015 年 C6A6 与 C7A6 日均耗用量　单位：片

月份	C6A6 日均耗用量	C7A6 日均耗用量
1	5	4
2	3	2
3	8	4
4	8	6
5	6	7
6	9	7

续表

月份	C6A6 日均耗用量	C7A6 日均耗用量
7	9	6
8	9	7
9	9	5
10	6	6
11	7	4
12	10	5

数据来源：依据企业调研所得数据整理、计算。

$$n(2015, C6A6) = \frac{\sum_{t}^{12} dt}{12} = 8 \text{ 片};$$

$$n(2015, C7A6) = \frac{\sum_{t}^{12} dt}{12} = 6 \text{ 片};$$

$m(2015, C6A6) = Max(dt) = 10$ 片；

$m(2015, C7A6) = Max(dt) = 7$ 片；

$Z(2015, C6A6) = (mh - nt)/2 = 45$ 片；

$Z(2015, C7A6) = (mh - nt)/2 = 28$ 片；

再订货点：$R(2015, C6A6) = (mh + nt)/2 = 205$ 片；

$R(2015, C7A6) = (mh + nt)/2 = 148$ 片。

表5-5　2016年C6A6与C7A6日均耗用量　单位：片

月份	C6A6 日均耗用量	C7A6 日均耗用量
1	7	4
2	2	2
3	11	6
4	9	6
5	9	8
6	14	13

续表

月份	C6A6 日均耗用量	C7A6 日均耗用量
7	7	8
8	9	8
9	6	6
10	5	6
11	8	7
12	8	7

数据来源：依据企业调研所得数据整理、计算。

$$n(2016,C6A6)=\frac{\sum_{t}^{12}dt}{12}=8\text{ 片};$$

$$n(2016,C7A6)=\frac{\sum_{t}^{12}dt}{12}=7\text{ 片};$$

$$m(2016,C6A6)=Max(dt)=14\text{ 片};$$

$$m(2016,C7A6)=Max(dt)=13\text{ 片};$$

$$Z(2016,C6A6)=(mh-nt)/2=95\text{ 片};$$

$$Z(2016,C7A6)=1/2(mh-nt)=93\text{ 片};$$

再订货点：$R(2016,C6A6)=(mh+nt)/2=255$ 片；

$$R(2016,C7A6)=(mh+nt)/2=233\text{ 片}。$$

5.1.3 效果检验

根据所设计的定量不定期订货方案，计算在按照方案得出的经济订货批量 Q 和再订货点 R 进行采购的情况下，2016 年企业 C6A6 和 C7A6 的库存情况，并与企业实际采购和库存数据进行对比，比较在实际采购方案和定量不定期订货方案下企业的总成本，分析方案的可行性。

对奥迪 C6A6 进行的测试结果如表5-6和表5-7所示。

表5-6　　2016年C6A6经济订货批量　　单位：片

项目	期初库存	1月	2月	3月	4月	5月	6月	7月	8月	9月	10月	11月	12月	合计
采购		128	91	277	160	342	404	130	246	167	394	42	239	2620
销售		193	41	313	250	263	395	202	266	170	126	222	228	2669
原库存	150	85	135	99	9	88	97	25	5	2	270	90	101	
经济批量采购		383	0	383	383	0	383	383	383	0	221	0	0	2519
销售		193	41	313	250	263	395	202	266	170	126	222	228	
新库存	150	340	299	369	502	239	227	408	525	355	450	228	0	
库存增加		255	164	270	493	151	130	383	520	353	180	138	-101	

数据来源：依据企业调研所得数据整理、计算。

从企业长期经营而言，最后一次订货量应该为经济批量数值383片。但是，本书在计算2016年的年成本时，根据总成本最小化原则，年订货量应为年需求量，因此将最后一次订货量按照221片计算。

第一，企业原采购方案下总成本计算：

$$\begin{aligned}\text{购置成本} &= \text{采购价格} + \text{运输费用}\\ &= 2620 \times 1200 \times (1-2\%) + 12 \times 1850\\ &= 3103320(\text{元})\end{aligned}$$

$$\begin{aligned}\text{变动储存成本} &= [P_2(1-r)e+10] \times \text{平均存储量}\\ &= 68.8 \times \left[\left(\frac{G_1}{2}+\frac{G_2}{2}+\cdots+\frac{G_{12}}{2}\right)/12\right]\\ &= 68.8 \times 109.17 = 7510.67(\text{元})\end{aligned}$$

$$\text{缺货成本} = 0$$

$$\begin{aligned}\text{总成本} &= \text{购置成本} + \text{变动储存成本} + \text{缺货成本}\\ &= 3103320 + 7510.67 + 0 = 3110830.67(\text{元})\end{aligned}$$

第二，经济批量模型下总成本的计算：

购置成本 = 采购价格 + 运输费用

$$=2519\times1200\times(1-2\%)+6.58\times1850$$

$$=2974517(元)$$

$$变动储存成本=\frac{(Q-S)^2}{2Q}\times[P_2(1-r)e+10]$$

$$其中，S=\frac{[P_2(1-r)e+10]\times Q}{[P_2(1-r)e+10]+[P_1-P_2(1-r)]}=29.5$$

代入得到，$变动储存成本=\frac{(Q-S)^2}{2Q}\times[P_2(1-r)e+10]=11223.76(元)$

$$缺货成本=\frac{[P_1-P_2(1-r)]S^2}{2Q}=936(元)$$

总成本 = 购置成本 + 变动储存成本 + 缺货成本

$$=2974517+11223.76+936$$

$$=2986676.76(元)$$

第三，成本节约的计算：

成本节约 = 原总成本 - 新总成本

$$=3110830.67-2986676.76$$

$$=124153.91(元)$$

表 5-7　　2016 年 C6A6 定量不定期与原采购方案成本对比　　单位：元

相关成本项目	原采购方案	定量不定期订货方案	成本节约
购置成本	3103320	2974517	128803
变动储存成本	7510.67	11223.76	-3713.09
缺货成本	0	936	-936
总成本	3110830.67	2986676.76	124153.91

数据来源：依据企业调研所得数据整理、计算。

对奥迪 C7A6 的测试结果如表 5-8 和表 5-9 所示。

表 5－8　　2016 年 C7A6 经济订货批量　　单位：片

项目	期初库存	1 月	2 月	3 月	4 月	5 月	6 月	7 月	8 月	9 月	10 月	11 月	12 月	合计
采购		137	150	154	43	276	500	182	171	131	187	230	153	2314
销售		112	52	155	159	239	380	219	226	180	170	198	195	2285
原库存	130	155	253	252	136	173	293	256	201	152	169	201	159	
经济批量采购		319		319	0	319	319	319	319	0	241	0	0	2155
销售		112	52	155	159	239	380	219	226	180	170	198	195	2285
新库存	130	337	285	449	290	370	309	409	502	322	393	195	0	
库存增加		182	32	197	154	197	16	153	301	170	224	－6	－159	

数据来源：依据企业调研所得数据整理、计算。

如果从企业长期经营而言，最后一次订货量应该为经济批量数值 319 片。但是，本书在计算 2016 年的年成本时，根据总成本最小原则，年订货量应为年需求量，因此将最后一次订货量按照 241 片计算。

第一，企业原采购方案下总成本的计算：

购置成本＝采购价格＋运输费用

$$=2314\times1500\times(1-2\%)+12\times1850$$

$$=3423780\ (元)$$

变动储存成本＝$[P_2(1-r)e+10]\times$平均存储量

$$=83.5\times\left[\left(\frac{G_1}{2}+\frac{G_2}{2}+\cdots+\frac{G_{12}}{2}\right)/12\right]$$

$$=83.5\times96.42$$

$$=8050.79\ (元)$$

缺货成本＝0

总成本＝购置成本＋变动储存成本＋缺货成本

$$=3423780+8050.79+0$$

$$=3431830.79\ (元)$$

第二，经济批量模型下总成本的计算：

购置成本 = 采购价格 + 运输费用

$= 2155 \times 1500 \times (1 - 2\%) + 6.76 \times 1850$

$= 3180356$（元）

$$变动储存成本 = \frac{(Q-S)^2}{2Q} \times [P_2(1-r)e + 10]$$

$$其中，S = \frac{[P_2(1-r)e+10] \times Q}{[P_2(1-r)e+10] + [P_1 - P_2(1-r)]} = 18.84$$

代入得到，变动储存成本 $= \frac{(Q-S)^2}{2Q} \times [P_2(1-r)e + 10] = 11791.56$（元）

$$缺货成本 = \frac{[P_1 - P_2(1-r)]S^2}{2Q} = 739.93（元）$$

总成本 = 购置成本 + 变动储存成本 + 缺货成本

$= 3180356 + 11791.56 + 739.93$

$= 3192887.49$（元）

第三，成本节约的计算：

成本节约 = 原总成本 − 新总成本

$= 3431830.79 - 3192887.49 = 238943.3$（元）

表 5－9　2016 年 C7A6 定量不定期与原采购方案成本对比　单位：元

相关成本项目	原采购方案	定量不定期订货方案	成本节约
购置成本	3423780	3180356	243424
变动储存成本	8050.79	11791.56	−3740.77
缺货成本	0	739.93	−739.93
总成本	3431830.79	3192887.49	238943.3

数据来源：依据企业调研所得数据整理、计算。

综合比较而言，企业 2016 年若采用定量不定期模型进行汽车玻璃的采购，会使奥迪 C6A6 成本节约 124153.91 元，奥迪 C7A6 成本节约 238943.3 元。

5.1.4　价值增值

从定量不定期模型的效果测试中可得，奥迪 C6A6 的缺货成本增加 936 元，购置成本减少 128803 元，变动储存成本增加 3713.09 元。奥迪 C7A6 的缺货成本增加 739.93 元，购置成本减少 243424 元，变动储存成本增加 3740.77 元。

BJF 在进行销售的过程中涉及销售部门、采购部门、仓储部门的相互协作，三者共同形成企业价值链。其中缺货会影响销售部门的利润，使其丧失相当于缺货数量的利润，采购数量的减少会影响采购部门利润，储存数量的减少会影响储存部门的利润。所以，求得部门利润如表 5－10 和表 5－11 所示。

表 5－10　C6A6 各部门利润对比（定量不定期）　单位：元

C6A6	销售部门	采购部门	仓储部门	合计
原采购方法利润	P_1	P_2	P_3	P_t
定量不定期利润	P_1-936	$P_2+128803$	$P_3-3713.09$	$P_t+124153.91$

表 5－11　C7A6 各部门利润对比（定量不定期）　单位：元

C7A6	销售部门	采购部门	仓储部门	合计
原采购方法利润	P_4	P_5	P_6	P_T
定量不定期利润	$P_4-739.93$	$P_5+243424$	$P_6-3740.77$	$P_T+238943.3$

用 P 代表利润，P_1—P_6 分别代表不同部门 C6A6 和 C7A6 原采购方案的利润。如表 5－10 所示，在假设其他条件不变的情况下，采用定量不定期模型时，奥迪 C6A6 可以多创造 124153.91 元的利润。其中，销售部门利润减少 936 元，主要是由于采用定量不定期模型时会出现缺货的情况，造成一部分销售利润的损失；采购部门利润增加 128803 元，

主要是由于采购数量和次数的减少导致购置成本降低；仓储部门利润减少 3713.09 元，主要是由于采购次数减少，库存增加，导致玻璃的储存成本有所增加。

如表 5－11 所示，在假设其他条件不变的情况下，采用定量不定期模型时，C7A6 的结果与 C6A6 类似，可以多创造 238943.3 元的利润。其中，销售部门利润减少 739.93 元，主要是由于采用定量不定期模型时会出现缺货的情况；采购部门利润增加 243424 元，主要是由于采购数量和次数减少导致购置成本降低；仓储部门利润减少 3740.77 元，主要是由于采购次数减少，库存增加，导致玻璃的储存成本有所增加。

从整体上来看，采用定量不定期方式可以增加企业的利润，实现企业的价值增值，但若涉及库存积压，考虑到库房成本的问题，是否采用定量不定期的采购模式有待企业根据实际情况确定。

5.1.5 企业反馈

BJF 负责人认为，当前企业库房空间有限，而玻璃种类繁多，若采用经济订货批量的方法，则需要企业额外租用库房，由此新产生的成本要高于此模型节约的成本，因此，定量不定期模型不适合当前企业的自身条件。

5.2 定期不定量订货模型

根据与企业主管的沟通，企业目前订货次数与上游供应商生产周期有关，必须固定每月订货，企业目前重点是确定每月采购量，减少库存占用空间，基于此，本书优化定期不定量订货模型，提出以下采购量计算方法：

$$采购量(G) = 销售预测(A^*) + 安全库存(Z) - 期初库存(F_0)\ (G \geqslant 0) \quad (5-3)$$

其中，销售预测根据季节指数法进行；安全库存依据式（4 - 6）计算；由此算出，

$$期末库存\ F = 采购量 - 销售预测 + 期初库存 = G - A^* + F_0 \quad (5-4)$$

若 $F<0$，因库存最低为 0，所以需要进行修正，使 $F=0$

5.2.1　效果测试

经过调研，最大日均消耗量由平均每日消耗量上浮 50% 确定，最长订货周期为 25 天，日常订货提前期为 20 天，C6A6 期初库存为 150 片，C7A6 期初库存为 130 片。两种类型玻璃测算效果如表 5 - 12—表 5 - 15 所示。

表 5 - 12　　2016 年 C6A6 计算结果　　单位：片

C6A6	1 月	2 月	3 月	4 月	5 月	6 月	7 月	8 月	9 月	10 月	11 月	12 月
新采购	49	104	218	336	220	325	371	150	224	127	163	249
原采购	128	91	277	160	342	404	130	246	167	394	42	239
原销售	193	41	313	250	263	395	202	266	170	126	222	228
原库存	85	135	99	9	88	97	25	5	2	270	90	101
新库存	6	69	-26	60	17	-53	116	0	54	55	-4	17

数据来源：依据企业调研所得数据整理、计算。

因 3 月、6 月、11 月出现 $F<0$ 的情形，所以需要进行修正，修正后结果如下：

表 5-13　　2016 年 C6A6 计算结果（修正后）　　单位：片

C6A6	1月	2月	3月	4月	5月	6月	7月	8月	9月	10月	11月	12月
新采购	49	104	218	310	220	325	318	150	224	127	163	245
原采购	128	91	277	160	342	404	130	246	167	394	42	239
原销售	193	41	313	250	263	395	202	266	170	126	222	228
原库存	85	135	99	9	88	97	25	5	2	270	90	101
新库存	6	69	0	60	17	0	116	0	54	55	0	17

数据来源：依据企业调研所得数据整理、计算。

表 5-14　　2016 年 C7A6 计算结果　　单位：片

C7A7	1月	2月	3月	4月	5月	6月	7月	8月	9月	10月	11月	12月
新采购	53	0	166	208	185	264	369	164	159	181	106	226
采购	137	150	154	43	276	500	182	171	131	187	230	153
销售	112	52	155	159	239	380	219	226	180	170	198	195
原库存	155	253	252	136	173	293	256	201	152	169	201	159
新库存	71	19	30	79	25	-91	59	88	67	78	-14	17

数据来源：依据企业调研所得数据整理、计算。

因 6 月、11 月出现 $F<0$ 的情形，所以需要进行修正，修正后结果如下：

表 5-15　　2016 年 C7A6 定期不定量模型库存对比（修正后）　　单位：片

C7A7	1月	2月	3月	4月	5月	6月	7月	8月	9月	10月	11月	12月
新采购	53	0	166	208	185	264	278	255	159	181	106	212
采购	137	150	154	43	276	500	182	171	131	187	230	153
销售	112	52	155	159	239	380	219	226	180	170	198	195
原库存	155	253	252	136	173	293	256	201	152	169	201	159
新库存	71	19	30	79	25	0	59	88	67	78	0	17

数据来源：依据企业调研所得数据整理、计算。

5.2.2　效果分析

（1）库存量对比

根据两种模型计算的库存量与原有库存对比，可以得出以下两点结论（如表 5－16、表 5－17 和图 5－1、图 5－2 所示）：

第一，采用计算得出的采购量可以有效节约库存。其中 C6A6 节约库存 612 片，比原库存节约 60.8%；C7A6 节约库存 1867 片，比原库存节约 77.8%。

第二，企业凭经验采购形成的库存具有随机性，变化幅度很大，而模型计算得出的库存量变化比较平缓。

表 5－16　　2016 年 C6A6 库存节约情况　　单位：片

C6A6	1 月	2 月	3 月	4 月	5 月	6 月	7 月	8 月	9 月	10 月	11 月	12 月	总额
原库存	85	135	99	9	88	97	25	5	2	270	90	101	1006
新库存	6	69	0	60	17	0	116	0	54	55	0	17	394
库存节约	79	66	99	－51	71	97	－91	5	－52	215	90	84	612

数据来源：依据企业调研所得数据整理、计算。

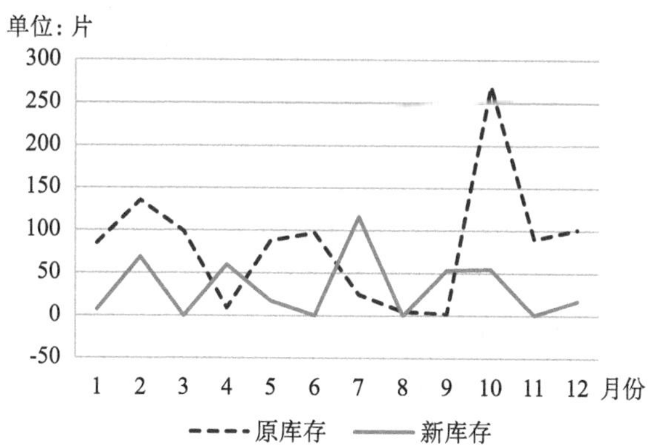

图 5－1　2016 年 C6A6 定期不定量模型库存对比

表 5-17　2016 年 C7A6 定期不定量模型库存对比　单位：片

C7A6	1月	2月	3月	4月	5月	6月	7月	8月	9月	10月	11月	12月	总额
原库存	155	253	252	136	173	293	256	201	152	169	201	159	2400
新库存	71	19	30	79	25	0	59	88	67	78	0	17	533
库存节约	84	234	222	57	148	293	197	113	85	91	201	142	1867

数据来源：依据企业调研所得数据整理、计算。

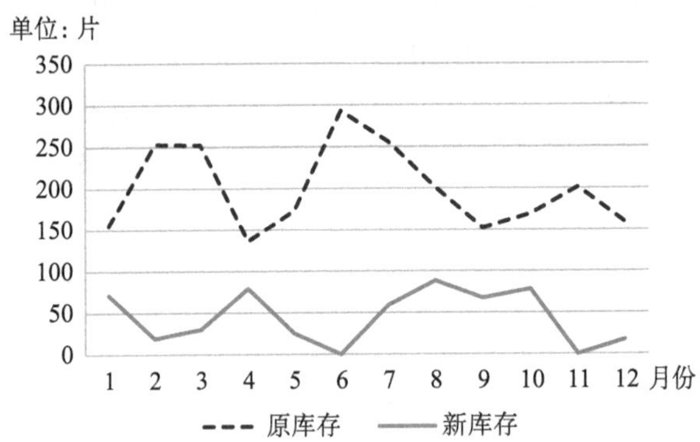

图 5-2　2016 年 C7A6 定期不定量模型库存对比

（2）成本对比

企业存货相关总成本为：

$$TC = [GP_2(1-r)+M]+[P_2(1-r)e/12+10/12]\times(G-S)^2/2G+S^2/2G\times[P_1-P_2(1-r)] \quad (5-5)$$

其中，G 表示采购量；M 表示结合企业实际情况和所提供的数据设定运费为 1850 元，若 G=0，则 M=0；P_1 表示销售价格 2000 元；P_2 表示采购价格 1200 元；e 表示资本收益率 5%；r 表示价格折扣率 2%；S 表示缺货量。

由式（5-5）计算可得，表 5-18 为 2016 年 C6A6 经济订货批量与实际采购量的成本对比。

表 5－18　2016 年 C6A6 定期不定量订货与原采购方案成本对比　单位：元

C6A6	定期不定量订货方案	原采购方案	成本节约
1 月	59614. 47	152744. 93	93130. 47
2 月	124452. 13	109126. 87	－15325. 27
3 月	260120. 51	328396. 07	68275. 56
4 月	367298. 67	190468. 67	－176830. 00
5 月	261200. 67	405022. 40	143821. 73
6 月	388542. 61	478112. 13	89569. 52
7 月	376729. 60	155102. 67	－221626. 93
8 月	178680. 00	291851. 20	113171. 20
9 月	265916. 13	198720. 73	－67195. 40
10 月	151566. 07	466323. 47	314757. 40
11 月	194045. 71	51362. 40	－142683. 31
12 月	290672. 33	283599. 13	－7073. 20
总额	2918838. 90	3110830. 67	191991. 77

数据来源：依据企业调研所得数据整理、计算。

由式（5－5）计算可得，表 5－19 为 2016 年 C7A6 经济订货批量与实际采购量的成本对比。

其中，G 表示采购量（单位：片）；M 表示结合企业实际情况和所提供的数据设定运费为 1850 元，若 G＝0，则 M＝0；P_1 表示销售价格 2800 元；P_2 表示采购价格 1500 元，e 表示资本收益率 5%；r 表示价格折扣率 2%；S 表示缺货量。

表 5－19　2016 年 C7A6 定期不定量与原采购方案成本对比　单位：元

C7A6	定期不定量订货方案	原采购方案	成本节约
1 月	79944. 40	203716. 65	123772. 25
2 月	0. 00	222871. 88	222871. 88
3 月	246447. 54	228765. 79	－17681. 75
4 月	308333. 67	65209. 60	－243124. 06

续表

C7A6	定期不定量订货方案	原采购方案	成本节约
5月	274443.65	408530.25	134086.60
6月	411707.84	738589.58	326881.75
7月	411477.21	270023.21	-141454.00
8月	377587.19	253814.94	-123772.25
9月	236133.19	194875.77	-41257.42
10月	268549.73	277390.60	8840.88
11月	159268.41	340750.21	181481.79
12月	314227.58	227292.31	-86935.27
总额	3088120.40	3431830.79	343710.39

数据来源：依据企业调研所得数据整理、计算。

通过表5-18和表5-19的计算，可以得出新采购量计算的总成本低于企业按经验采购的总成本。其中C6A6可以节约成本191991.77元，C7A6可以节约成本343710.39元。

综上所述，采用定期不定量订货模型，可以使企业在减少存货占用空间的同时，节约存货资金占用，加快存货周转，并且满足企业按月采购的需求，因此，可采用上述方法为企业存货采购提供可行方案。

5.2.3 价值增值

在采用定期不定量模型时，C6A6与C7A6汽车玻璃由于预测的数据与实际销量有一定的差距，因此产生一部分缺货量，其中C6A6缺货成本4878.97元，C7A6的缺货成本为22088.96元；但是与原方案相比，定期不定量模型减少了每个月的采购量，减少库存积压，从而减少购置成本和储存成本，其中C6A6一年内总购置成本减少196392元，C7A6总购置成本减少364940元，C6A6储存成本减少

478.73 元，C7A6 储存成本减少 859.35 元。

用 P 代表利润，P_1—P_6 分别代表不同部门 C6A6 和 C7A6 原采购方案的利润。如表 5－20 所示，在假设其他条件不变的情况下，C6A6 采用定期不定量采购方案将多创造 191991.77 元利润。其中销售部门利润减少 4878.97 元，主要是由于采用定期不定量模型时，会增加一部分缺货量，从而丧失一部分利润；采购部门利润增加 196392 元，主要是由于采用定期不定量模型，采购量减少导致购置成本降低；仓储部门利润增加 478.73 元，主要是因为采用定期不定量模型导致采购量降低，储存空间减少，变动储存成本降低，增加仓储部门的利润。

表 5－20　　C6A6 各部门利润对比（定期不定量）　　单位：元

C6A6	销售部门	采购部门	仓储部门	合计
原采购方法利润	P_1	P_2	P_3	Pt
定期不定量利润	$P_1-4878.97$	$P_2+196392$	$P_3+478.73$	Pt＋191991.77

如表 5－21 所示，在其他条件不变的情况下，C7A6 采用定期不定量采购方法将多创造 343710.39 元利润。其中销售部门利润减少 22088.96 元，主要是由于企业采用定期不定量采购方法会有一定的缺货发生，丧失了一部分利润；采购部门的利润增加 364940 元，主要是由于企业采用定期不定量方法的购置费用有所降低；仓储部门利润增加 859.35 元，主要是采用定期不定量方法使采购数量降低，从而引起变动储存成本的降低，增加了仓储部门的利润。

表 5－21　　C7A6 各部门利润对比（定期不定量）　　单位：元

C7A6	销售部门	采购部门	仓储部门	合计
原采购方法利润	P_4	P_5	P_6	P_T
定期不定量利润	$P_4-22088.96$	$P_5+364940$	$P_6+859.35$	$P_T+343710.39$

综上所述，采用定期不定量方式可以给企业整体带来价值增值，但对销售部门而言，需要进一步提高销售预测的准确性，及时与采购部门沟通，以减少缺货的发生。

5.2.4 企业反馈

BJF 负责人认为，当前企业按月进行采购，且生产商也是按月接订单生产，因此定期不定量模型符合企业的采购条件。从库存量来看，该模型通过科学计算得出的采购量更加合理，其中，C6A6 的库存比原库存节约 60.8%，C7A6 的库存比原库存节约 77.8%，能够有效减少企业存货资金的占用。从成本来看，新采购量计算的总成本低于企业按经验采购的总成本。其中，C6A6 可以节约成本 191991.77 元，C7A6 可以节约成本 343710.39 元。因此，BJF 负责人认为，定期不定量订货模型可以在满足企业按月采购需求的同时，帮助企业有效节约库存和成本，减少存货资金占用，较定量不定期模型而言更加适用于企业。

5.3 方案对比

5.3.1 成本对比

将定量不定期订货模型、定期不定量订货模型和企业原采购方案的成本做对比，结果如表 5 - 22 和表 5 - 23 所示。

表5－22　2016年C6A6定量不定期、定期不定量订货方案与原采购方案成本对比

单位：元

相关成本项目	定量不定期订货方案	定期不定量订货方案	原采购方案
购置成本	2974517.00	2906928.00	3103320.00
储存成本	11223.76	7031.93	7510.67
缺货成本	936.00	4878.97	0.00
总成本	2986676.76	2918838.90	3110830.67

表5－23　2016年C7A6定量不定期、定期不定量订货方案与原采购方案成本对比

单位：元

相关成本项目	定量不定期订货方案	定期不定量订货方案	原采购方案
购置成本	3180356.00	3058840.00	3423780.00
储存成本	11791.56	7191.44	8050.79
缺货成本	739.93	22088.96	0.00
总成本	3192887.49	3088120.40	3431830.79

通过表5－22、表5－23的方案对比，可以看出，对于C6A6和C7A6两种汽车玻璃，采用定量不定期与定期不定量方案，这两种方案的总成本均低于原方案。其中，两种方案的购置成本均低于原采购方案，缺货成本均高于原采购方案。定期不定量方案的储存成本低于原方案，而定量不定期方案的储存成本高于原方案。定量不定期缺货成本低于定期不定量方案，而定量不定期方案的购置成本和储存成本均高于定期不定量方案。总体来看，定期不定量方案的相关总成本最低。

5.3.2　价值对比

将定量不定期订货模型、定期不定量订货模型和企业原采购方案的价值做对比，结果如表5－24和表5－25所示。

表 5－24　2016 年 C6A6 定量不定期、定期不定量订货方案与原采购方案价值对比　单位：元

相关部门利润	销售部门	采购部门	仓储部门	合计
原采购方法利润	P_1	P_2	P_3	Pt
定期不定量利润	P_1 －4878.97	P_2 ＋196392	P_3 ＋478.73	Pt＋191991.77
定量不定期利润	P_1 －936	P_2 ＋128803	P_3 －3713.09	Pt＋124153.91

表 5－25　2016 年 C7A6 定量不定期、定期不定量订货方案与原采购方案价值对比　单位：元

相关部门利润	销售部门	采购部门	仓储部门	合计
原采购方法利润	P_4	P_5	P_6	P_T
定期不定量利润	P_4 －22088.96	P_5 ＋364940	P_6 ＋859.35	P_T ＋343710.39
定量不定期利润	P_4 －739.93	P_5 ＋243424	P_6 －3740.77	P_T ＋238943.3

通过表 5－24、表 5－25 的方案对比，可以看出，对于 C6A6 和 C7A6 两种汽车玻璃，定量不定期与定期不定量方案的总利润均高于原采购方案。其中，定期不定量方案的利润最高。对比各个部门的利润，采购部门的利润高于原采购方案，定期不定量方案利润最高，其次是定量不定期方案；仓储部门的利润方面，两个方案呈现相反结果，定期不定量的仓储部门利润高于原采购方案，定量不定期的仓储部门利润低于原采购方案；由于原方案忽略缺货成本，因此，定量不定期方案中销售部门的利润低于原采购方案，定期不定量方案销售部门利润最低。

5.4 企业存货管理系统设计反馈

BJF 负责人认为，本书结合研究内容提供的存货管理框

架为企业优化存货管理系统提供了新思路，能解决当前企业存货系统管理存在的问题，具有很好的借鉴意义。但是由于系统的改进是一个复杂的过程，需要各部门协调和一定的时间，能否完全适用于企业还有待进一步验证。

5.5 本章小结

本章以热销车型奥迪 C6A6 和 C7A6 的普通前挡玻璃为例，对两种订货模型进行比较验证，同时获得企业对两种方案和存货管理系统设计的反馈意见。研究结果表明，若采用定量不定期订货模型采购，则 2016 年 C6A6 和 C7A6 全年的订货次数为 6.58 次和 6.76 次，经济订货批量分别为 383 件和 319 件。与原采购经验相比，C6A6 可节约成本 124153.91 元，C7A6 可节约成本 238943.3 元，因此，企业可以采用定量不定期订货模型进行订货以节约成本。但是从企业反馈来看，BJF 负责人认为，该模型的应用存在一定的限制，原因是当前企业库房空间有限，若采用定量不定期的采购方法，则需要企业额外租用新库房，这在一定程度上难以实现。

采用定期不定量订货模型，企业固定每月采购一次，符合企业现状。2016 年，与原采购经验相比，C6A6 可节约库存 612 件，比原库存节约 60.8%，节约成本 191991.77 元；C7A6 可节约库存 1867 件，比原库存节约 77.8%，节约成本 343710.39 元。此方法既可解决库存占用量大的问题，加快存货周转，又可相应降低成本。同时，企业负责人也将此模型的计算结果结合企业自身条件分析，认为定期不定量订货模型，不仅符合企业按月采购的需求，还能够节约企业库存和成本。因此，综合企业目前状况和企业反馈来看，定期不定量订货模型更优。

同时，从企业负责人对存货管理系统设计的反馈来看，企业认可本书提出的系统设计框架，为企业未来的信息化、数智化提供了模型与数据支撑，其应用需进一步验证。

第 6 章
结　论

汽车市场的迅速发展，拉动了汽车后市场的繁荣。BJF作为汽车玻璃售后市场中重要的经销商，良好的存货管理水平是维持企业长期生存的重要因素。企业应保证及时供应、合理采购，从而减少资金占用和缺货情况的出现。因此，本书以 BJF 的存货管理为研究对象，通过上述分析，可以得出以下两方面的结论。

6.1 从理论到实践对经济订货模型进行优化，以减少企业资金占用

本书根据企业实际情况，提出合理的销售预测方法——季节指数法，并发现预测销售数据的总体趋势与企业实际销售数据一致，认为此方法适用于企业对 C6A6 和 C7A6 两种型号玻璃的销售预测。在此基础之上，采用两种经济订货模型，一种是定量不定期订货模型，一种是定期不定量订货模

型。依据企业实际状况，对基础的定量不定期订货模型和定期不定量订货模型进行修订，其中定量不定期订货模型为：

$$Q=\sqrt{\frac{2AM}{P_2(1-r)e+10}\times\frac{[P_2(1-r)e+10]+[P_1-P_2(1-r)]}{P_1-P_2(1-r)}},$$

定期不定量订货模型为：采购量 = 销售预测 + 安全库存 - 期初库存。

同时，选取销量比较高的 C6A6 和 C7A6 两种车型的前挡玻璃，进行经济订货模型的效果测试，根据已知条件和现有方案，计算得出企业的新采购量和新库存量，与原经验采购量和库存量进行对比，验证不同模型的适用性。采用定量不定期订货模型计算，C6A6 年采购 6.58 次，每次采购 383 件；C7A6 年采购 6.76 次，每次采购 319 件，可降低企业存货总成本。采用定期不定量订货模型，C6A6 可节约库存 612 件，比原库存节约 60.8%，节约成本 191991.77 元；C7A6 可节约库存 1867 件，比原库存节约 77.8%，节约成本 343710.39 元，可见该模型可以减少库存占用量和资金占用量。经过效果检验，确定定期不定量订货模型更符合企业实际需求。

6.2 建立企业存货分类管理模式，以期提高管理效率

企业经销两万多种型号的汽车玻璃，主要种类为进口玻璃、镀膜玻璃和普通玻璃。经过分析，建议对进口玻璃实施“零库存”管理模式；对于镀膜玻璃，建议采用汽车销售量和集团生产量的二维模式进行订货；对于普通玻璃，本书在

借鉴传统 ABC 分类管理的基础上，依据企业的实际状况，以成本为横轴、销量为纵轴，建立四个不同的矩阵，把普通玻璃分为 A、B、C 三类。销量低成本高的为 A 类，销量高成本低、销量高成本高的为 B 类，销量低成本低的为 C 类，对销量低的 A、C 类玻璃，适当降低安全库存，而对于 B 类玻璃，讨论采用定量不定期订货模型和定期不定量订货模型两种方式。如图 6－1 所示：

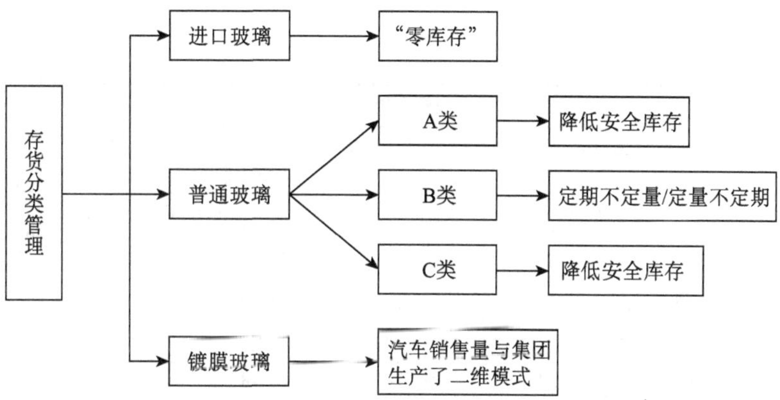

图 6－1　BJF 存货分类管理

同时，本书结合三种存货管理模式与两种订货模型，为 BJF 设计存货管理系统框架，得到企业负责人的认可，有助于提升企业存货管理的信息化、数智化水平。

附录1　2014—2016年各车型轿车销量前五名汇总

单位：辆

紧凑型轿车销量前五名

排名＼年份	2014			2015			2016		
	车型	车企	1—12月总销量	车型	车企	1—12月总销量	车型	车企	1—12月总销量
1	福克斯	长安福特	391787	朗逸	上汽大众	348313	朗逸	上汽大众	478699
2	朗逸	上海大众	371962	轩逸	东风日产	340548	别克英朗	上汽通用	370370
3	桑塔纳	上海大众	307294	别克英朗	上汽通用	283941	轩逸	东风日产	367979
4	速腾	一汽大众	300082	速腾	一汽大众	281188	捷达	一汽大众	348437
5	轩逸	东风日产	300058	捷达	一汽大众	266887	速腾	一汽大众	341331

小型轿车销量前五名

排名＼年份	2014			2015			2016		
	车型	车企	1—12月总销量	车型	车企	1—12月总销量	车型	车企	1—12月总销量
1	赛欧	上海通用雪佛兰	253341	瑞纳	北京现代	200890	新Polo	上汽大众	171455

续表

年份 / 排名	2014			2015			2016		
	车型	车企	1—12月总销量	车型	车企	1—12月总销量	车型	车企	1—12月总销量
2	瑞纳	北京现代	236024	雪佛兰赛欧	上汽通用	182351	雪佛兰赛欧三厢	上汽通用	139179
3	Polo	上海大众	157759	Polo	上汽大众	180149	威驰	一汽丰田	117041
4	K2	东风悦达起亚	155331	起亚 K2	东风悦达起亚	158311	瑞纳	北京现代	116513
5	威驰	一汽丰田	127827	威驰	一汽丰田	123740	飞度	广汽本田	113579

中型轿车销量前五名

年份 / 排名	2014			2015			2016		
	车型	车企	1—12月总销量	车型	车企	1—12月总销量	车型	车企	1—12月总销量
1	帕萨特	上海大众	218344	帕萨特	上汽大众	194694	帕萨特	上汽大众	188214
2	迈腾	一汽大众	207243	迈腾	一汽大众	158819	迈腾	一汽大众	171283
3	凯美瑞	广汽丰田	150311	名图	北京现代	147039	名图	北京现代	148254
4	名图	北京现代	134997	凯美瑞	广汽本田	128695	雅阁	广汽本田	136245
5	迈锐宝	上海通用雪佛兰	125547	雅阁	广汽本田	127043	奔驰C级	北京奔驰	105400

续表

中大型轿车销量前五名

年份 排名	2014			2015			2016		
	车型	车企	1—12月总销量	车型	车企	1—12月总销量	车型	车企	1—12月总销量
1	奥迪A6L	一汽大众	166463	奥迪A6L	一汽大众	149265	5系	华晨宝马	143600
2	宝马5系	华晨宝马	137965	5系	华晨宝马	145877	奥迪A6	一汽大众	135730
3	奔驰E级	北京奔驰	43708	E级	北京奔驰	57853	E级	北京奔驰	57439
4	凯迪拉克XTS	上海通用	31960	雷克萨斯ES	雷克萨斯	31259	金牛座	长安福特	34043
5	丰田皇冠	一汽丰田	14880	凯迪拉克XTS	上汽通用	24497	凯迪拉克XTS	上汽通用	33291

微型轿车销量前五名

年份 排名	2014			2015			2016		
	车型	车企	1—12月总销量	车型	车企	1—12月总销量	车型	车企	1—12月总销量
1	北斗星	昌河铃木	64673	奥拓	长安铃木	31297	奔奔	长安汽车	50968
2	奇瑞QQ	奇瑞汽车	60579	奔奔MINI	长安汽车	26239	北斗星	昌河铃木	29238
3	奥拓	长安铃木	51818	北斗星	昌河铃木	23415	知豆（电动）	吉利汽车	20292
4	比亚迪F0	比亚迪	38179	奔奔	长安汽车	21992	QQ	奇瑞汽车	17141
5	宝骏乐驰	上海通用五菱	24275	北斗星X5	昌河铃木	21949	云100（电动）	众泰汽车	16241

续表

MPV 轿车销量前五名

年份/排名	2014			2015			2016		
	车型	车企	1—12月总销量	车型	车企	1—12月总销量	车型	车企	1—12月总销量
1	五菱宏光	上海通用五菱	750019	宝骏729	上汽通用五菱	294974	五菱宏光	上汽通用五菱	650018
2	欧诺	长安汽车	137961	东风风行菱智	东风风行	100455	宝骏729	上汽通用五菱	370169
3	菱智	东风柳州	125230	别克GL7	别克	76315	欧诺	长安汽车	152607
4	宝骏730	上海通用五菱	120089	奥德赛	广汽本田	46280	威旺M29	北京汽车	121153
5	景逸	东风柳州	115669	途安	上汽大众	35677	欧尚	长安汽车	118185

SUV 轿车销量前五名

年份/排名	2014			2015			2016		
	车型	车企	1—12月总销量	车型	车企	1—12月总销量	车型	车企	1—12月总销量
1	哈弗 H6	长城汽车	315881	哈弗 H6	长城汽车	344319	哈弗 H6	长城汽车	580683
2	途观	上海大众	237404	途观	上汽大众	240942	传祺GS4	广汽乘用车	326906
3	本田CR－V	东风本田	168184	CR－V	东风本田	164411	宝骏560	上汽通用五菱	321556
4	现代ix35	北京现代	145304	奇骏	东风日产	155228	别克昂科威	上汽通用	275383
5	福特翼虎	长安福特	135998	长安CS75	长安	153588	途观	上汽大众	240510

附录2 企业重要部门调查问卷

企业采购部门调研问卷

一、基本情况

1. 您的职位是什么？

2. 您对公司现有的存货管理制度的了解程度如何？

A. 非常了解　B. 比较了解　C. 一般了解

D. 不太了解　E. 不了解

3. 您认为公司现有的存货管理现状如何？

A. 非常好　B. 比较好　C. 一般

D. 不太好　E. 非常不好

二、采购情况

1. 您认为采购数量的来源依据，并按重要程度排序。

A. 销售预测　B. 客户订单　C. 安全库存

D. 剩余库存　E. 其他排序

2. ①采购部门是否会向订货商催货？何时催货？

A. 提前催货　B. 预计到货日当天催货

C. 逾期未到货时催货　D. 不催货　E. 其他

②若提前催货，提前期为多长？

A. 提前5天以上　B. 提前3—5天

C. 提前1—3天　D. 提前1天

3. 到货时是否验货？若验货，不合格玻璃的比例为多少？

A. 1%及以下　B. 1%—3%　C. 3%—5%

D. 5%以上　E. 不验货

4. 采购成本的构成有哪些？并按大小排序。

A. 买价　B. 运输成本

C. 运输途中的损耗　D. 需要买家支付的税金

E. 保险费用　F. 其他

5. 在采购运输过程中，玻璃的破损率大概为多少？

A. 1%及以下　B. 1%—3%

C. 3%—5%　D. 5%以上

6. ①您认为C6A6玻璃采购的旺季为第几季度？

A. 第一季度　B. 第二季度

C. 第三季度　D. 第四季度

②旺季时C6A6玻璃的最大采购量为________。

旺季时C6A6玻璃的平均采购量为________。

旺季时C6A6玻璃的最小采购量为________。

③您认为C7A6玻璃采购的旺季为第几季度？

A. 第一季度　B. 第二季度

C. 第三季度　D. 第四季度

④旺季时C7A6玻璃的最大采购量为________。

旺季时C7A6玻璃的平均采购量为________。

旺季时C7A6玻璃的最小采购量为________。

7. ①您认为C6A6玻璃采购的淡季为第几季度？

A. 第一季度　B. 第二季度

C. 第三季度　D. 第四季度

②淡季时 C6A6 玻璃的最大采购量为________。

淡季时 C6A6 玻璃的平均采购量为________。

淡季时 C6A6 玻璃的最小采购量为________。

③您认为 C7A6 玻璃采购的淡季为第几季度？

A. 第一季度　　B. 第二季度

C. 第三季度　　D. 第四季度

④淡季时 C7A6 玻璃的最大采购量为________。

淡季时 C7A6 玻璃的平均采购量为________。

淡季时 C7A6 玻璃的最小采购量为________。

8. ①旺季时，C6A6 当库存低于多少时，会出现库存不足的情况？

A. 20 片　　B. 40 片　　C. 60 片

D. 80 片　　E. 100 片

②旺季时，C7A6 当库存低于多少时，会出现库存不足的情况？

A. 20 片　　B. 40 片　　C. 60 片

D. 80 片　　E. 100 片

9. ①淡季时，C6A6 当库存低于多少时，会出现库存不足的情况？

A. 20 片　　B. 40 片　　C. 60 片

D. 80 片　　E. 100 片

②淡季时，C7A6 当库存低于多少时，会出现库存不足的情况？

A. 20 片　　B. 40 片　　C. 60 片

D. 80 片　　E. 100 片

企业销售部门调研问卷

一、基本情况

1. 您的职位是什么？
2. 您对公司现有的存货管理制度的了解程度如何？

A. 非常了解　　B. 比较了解　　C. 一般了解
D. 不太了解　　E. 不了解

3. 您认为公司现有的存货管理现状如何?
A. 非常好　　B. 比较好　　C. 一般
D. 不太好　　E. 非常不好

二、销售情况

1. 请问公司贵部门是否有一份包含以下内容的销售政策?若有,请打钩。
A. 定价政策　　B. 优惠政策　　C. 销售操作流程
以上政策执行情况如何?请打分,1分表示非常差,5分表示非常好
定价政策　　(1　2　3　4　5)
优惠政策　　(1　2　3　4　5)
销售操作流程　　(1　2　3　4　5)

2. 您认为公司在管理客户方面产生的成本和费用有哪些?
A. 产生一定的客户维护费用
B. 客户需要专门的销售人员维系
C. 给予客户一定的返利
D. 提升为客户服务的质量而产生的其他成本
E. ________(请填写)

3. 您认为奥迪C6汽车前挡玻璃2017年的销售预期如何?
A. 非常好　　B. 较好　　C. 一般
D. 较差　　E. 非常差
您认为奥迪C7汽车前挡玻璃2017年的销售预期如何?
A. 非常好　　B. 较好　　C. 一般
D. 较差　　E. 非常差

4. 销售期间,若发生缺货情况,通过门店之间调货能满足需求的概率为多少?

A. 100%—90% B. 90%—80%

C. 80%—70% D. 70%以下

5. 您认为本企业的销售部门在内部控制中可能会产生哪些风险？请按照由轻到重的顺序进行排序。

A. 由于缺货带来的顾客流失风险

B. 不能及时补货而使得客户满意度下降

C. 销售政策执行情况不佳导致销售不畅，营运效率下降

D. ________（请填写）

6. 您认为影响销售的因素有哪些？影响程度如何？请打分（1代表影响力最大，5代表影响力最小）

A. 库存量 （1 2 3 4 5）

B. 月份 （1 2 3 4 5）

C. 对应汽车销售量 （1 2 3 4 5）

D. 代替品的上市或优惠 （1 2 3 4 5）

E. 本产品的促销活动 （1 2 3 4 5）

您认为有影响的其他因素____ （1 2 3 4 5）

7. 在进行客户开拓与维护的过程中，以下因素能够影响客户选择的有哪些？并请按照由轻到重的重要程度进行排序。

A. 产品质量 B. 产品价格 C. 服务水平

D. 优惠政策 E. 其他

8. 请问贵部门是否有阶段性的销售目标以及对应的惩罚与激励制度？

A. 有 B. 无

9. 如果有销售目标，其设置依据是什么？

A. 库存量 B. 近几个周期的销量及趋势

C. 市场销量的预测 D. 其他

三、库存情况

1. 目前仓库的总体存储量是多少？（　　）

A. 0—2 万片　　B. 3—4 万片　　C. 5—6 万片

D. 7—8 万片　　E. 8 万片以上

2. 企业是否对玻璃进行批号管理？（　　）

A. 是　　B. 否

3. 目前仓库里面 C6、C7 的储存量一般是多少？______、______。

4. 您认为仓库里面 C6、C7 玻璃目前的储存量是否合理？（　　）

A. 合理　　B. 偏高　　C. 偏低

若不合理，您认为 C6、C7 最低的储存量是多少时需要进行下次订货？________、________。

5. C6、C7 玻璃在储存过程中的破损率是多少？（　　）

A. 0—2%　　B. 3%—4%　　C. 5%—6%

D. 7%—8%　　E. 9%—10%

6. 仓库的成本有哪些？（多选）（　　）

A. 仓库的租金　　B. 仓库管理人员工资

C. 仓库维修费用　　D. 仓库水费、电费

E. 存货的破损费用　　F. ________（请填写）

7. 就公司目前情况，库存管理部门如何能够降低自身成本？（多选）（　　）

A. 减少管理人员和工作人员

B. 减少仓库面积，提升仓库利用效率

C. 仓库的水费、电费、管理费用还有很大的下降空间

D. 更换仓库地址，降低租金

E. ________（请填写）

8. 库存多久盘点一次？（　　）

A. 一周　　B. 一个月　　C. 一个季度

D. 半年　　E. 一年

9. 当前企业在库存管理工作中主要存在哪些困难？从难到易排序____________。

A. 库存的盘点困难　　B. 库存的分类管理

C. 报废处理问题　　D. 缺乏必要的库存计划

E. 库存积压

四、保险情况

1. 就 C6 产品而言，平均每月顾客因保险合同来本公司及相关门店更换玻璃块数大概是多少？

A. 1—25　　B. 26—50

C. 51—75　　D. 76—100

2. 平均每月本公司向保险公司就 C6 产品的追偿金额，占每月本公司向保险公司整体追偿金额的比重是多少？

A. 0—1%　　B. 1%—2%

C. 2%—3%　　D. 3%—5%

3. 本公司为保险类客户更换 C6 产品玻璃的时间大概多久？

A. 当天更换　　B. 1—3 天

C. 3—5 天　　D. 5 天以上

4. 对个人客户而言，在个人客户要求更换玻璃和购买玻璃同时发生并且库存量并不富余的情况下，本公司是否有为保险类个人客户优先更换 C6 产品玻璃的政策？

A. 是　　B. 否

5. 如果发生 C6 产品缺货的情况，本公司将对来更换玻璃的保险类客户采取的措施是？

A. 赔偿相应金额　　B. 从同行业其他地方买进

C. 让顾客等到下次进货

6. 本公司的保险业务量趋势是？

A. 增加　　B. 减少　　C. 较为稳定

7. 客户对本公司保险业务的满意度如何？

A. 较差　　B. 一般　　C. 较为满意

D. 满意　　E. 非常满意

8. 开展保险业务的具体成本有哪些？（多选）

A. 玻璃产品成本

B. 更换玻璃的人力成本

C. 和保险公司的协议费用

D. 其他________（请填写）

附录3 “零库存”管理相关调查表

表3-1 “零库存”管理成功的关键因素

问题	关键程度（1为不重要——5为非常重要）				
	1	2	3	4	5
和供应商的相互关系					
管理的措施					
适当的计划					
部门协调					
进货质量					
长期的合同协议					
采购的物品类型					
特殊的政策与惯例					

表3-2 “零库存”管理解决的问题

问题	解决可能性（1为无法解决——5为完美解决）				
	1	2	3	4	5
空间减少					
成本减少					
改进用户服务					
及时交货					
缺货问题					
改进资金流					
提前期减少					

表3-3 实施“零库存”管理困难的因素

问题	可能面临的困难（1为不困难——5为非常困难）				
	1	2	3	4	5
缺乏供应商的支持					
部门之间协调性差					
缺乏对供应商的激励					
采购物品的类型					
进货物品质量差					
特殊政策与惯例					

表3-4 与供应商有关的“零库存”管理问题

问题	供应商影响因素的重要程度（1为不重要——5为非常重要）				
	1	2	3	4	5
很难找到好的供应商					
供应商不可靠					
供应商太远					
供应商太多					
供应商不想频繁交货					

参考文献

期刊类：

[1] Karamshetty V., De Vries H., Van Wassenhove L. N., et al. Inventory Management Practices in Private Healthcare Facilities in Nairobi Countyw [J]. Production and Operations Managment, 2022, 31 (2): 828 – 846.

[2] Tongxia Li, Chun Lu, Ieong Cheng Si, et al. Employment protection and the cost of equity capital: Evidence from wrongful discharge laws [J]. Finance Research Letters, 2022, 47 (3): 1 – 10.

[3] Khataie, H. Amir, Bulgak, A. Akif, Segovia, J. Juan. Activity – Based Costing and Management applied in a hybrid Decision Support System for order management [J]. Decision Support Systems, 2011, 52 (3): 142 – 156.

[4] Mohamed Radhouane Douissa, Khaled Jabeur. A New Model for Multi – criteria ABC Inventory Classification: PROAFTN Method [J]. Procedia Computer Science, 2016, 96: 550 – 559.

[5] Donald Erlenkotter. For Whitman Harris and the Economic Order Quantity Model [J]. Operations Research, 1990, 38 (6): 934 – 1139.

[6] Bruce G. Ferrin, Richard E. Plank. Total Cost of Ownership Models: An Exploratory Study [J]. The Journal of Supply Chain Management,

2002, 38 (3): 18 – 29.

[7] Lisa Ellram. Total Cost of Ownership: Elements and Implementation [J]. International Journal of Purchasing and Materials Management, 1993, 29 (3): 3 – 11.

[8] Woody M., Adderly S. A., Bohra R., et al. Electric and gasoline vehicle total cost of ownership across US cities [J]. Journal of Industrial Ecology, 2024, 28: 194 – 215.

[9] Hurkens K., van der Valk, W. and Wynstra, F. Total Cost of Ownership in the Services Sector: A Case Study [J]. Journal of Supply Chain Management, 2006, 42 (1): 27 – 37.

[10] 李健. 加强存货管理 降低资金占用 [J]. 冶金财会, 2015 (08): 44 – 45.

[11] 赵昶. 企业存货管理存在的问题及对策建议 [J]. 上海企业, 2024 (05): 77 – 79.

[12] 沈艾林. 精益管理下企业成本管理策略分析 [J]. 财会通讯, 2016 (02): 63 – 65.

[13] 王凤娟. 订单式生产的物资存货资金控制 [J]. 铁路采购与物流, 2017, 12 (11): 58 – 60.

[14] 何俊冷, 边莹. 企业加强存货管理有效途径的探讨 [J]. 现代经济信息, 2017 (01): 66 – 67.

[15] 于云波. 基于供应链管理视角的企业存货管理问题探讨 [J]. 物流技术, 2012, 31 (23): 369 – 371, 418.

[16] 戴国华. 关于建筑企业集团 "两金" 占用的现状及成因分析 [J]. 财务与会计, 2015 (22): 48 – 50.

[17] 阮春雨. 制造企业存货管理问题和对策研究 [J]. 大陆桥视野, 2024 (03): 90 – 92.

[18] 王竹泉, 王秀华, 王硕. 农林牧渔业营运资金管理现状分析及建议 [J]. 财会月刊, 2012 (35): 24 – 27.

[19] 黄光银. 我国国有林场资金管理问题探析 [J]. 林业经济,

2016，38（07）：15－18.

［20］张新吉．我国小微企业资金短缺问题的成因及缓解对策［J］．会计之友，2012（31）：4－7.

［21］王丽莉．企业存货管理中存在的问题及对策［J］．会计之友，2011（35）：72－73.

［22］张陆燕．企业存货的内部控制［J］．财经问题研究，2016（S1）：74－77.

［23］陆育泓．加强存货管理，降低企业成本［J］．财会学习，2016（07）：189－190.

［24］李才昌．浅析商贸企业存货管理［J］．中国集体经济，2015（16）：40－41.

［25］王爱卫．浅谈商业企业资金与存货的内部控制［J］．现代商业，2011（36）：228－227.

［26］宋永梅．浅谈地勘企业存货管理中存在的问题和管控措施［J］．中国内部审计，2013（02）．

［27］秦路，廖伟，谭小军．出版企业存货管理中存在的问题及对策研究［J］．西南师范大学学报（自然科学版），2016，41（04）：175－180.

［28］苗年立．中小制造企业财务管理问题探究［J］．财会通讯，2016（14）.

［29］马文华．企业存货成本管理存在的问题和对策［J］．财会学习，2019（21）：104－105.

［30］田小平．企业库存控制模式改革对企业流动资金的影响［J］．湖北经济学院学报（人文社会科学版），2016（06）：64－65－80.

［31］李九妮．浅谈存货管理存在的问题及对策——以运城市A公司为例［J］．山西财经大学学报，2016（S1）：28－29.

［32］王伟．“要素—渠道”双视角下企业营运资金管理绩效分析——以中恒集团为例［J］．会计之友，2014（02）：66－69.

［33］梁结珍．论精益生产降低存货资金的途径［J］．中国外资，

2012（24）：219，221.

［34］裴小兵，蒋伟，莫璇华．基于精益会计体系的存货处理研究［J］．会计之友，2013（3）：105－107.

［35］胡文明．基于精益会计体系的企业成本管理研究［J］．财会通讯，2014（31）：9－11.

［36］周伟军，张义芳．军队物资库存的一个最优控制问题［J］．物流技术，1997（04）：10－11.

［37］张媛媛．服务备件库存管理中的分类方法研究［D］．对外经济贸易大学，2006.

［38］伍爱群．论零库存管理及其方法［J］．现代商贸工业，2010（08）：31－32.

［39］张雪芹．供应链视角下几种库存管理模型的思考［J］．物流科技，2019，42（08）：154－155.

［40］吴嘉诚．关于企业零库存管理模式的探讨［J］．营销界，2022（07）：158－160.

［41］华瑶，孟雪，张英．论供应链条件下的零库存管理［J］．工业技术经济，2006（01）：116－118.

［42］柳素芬．企业“零库存”管理模式探析［J］．财会通讯，2011（29）：152.

［43］吴玉红．图书零售企业实施零库存管理的依据和方法［J］．出版发行研究，2009（09）：52－54.

［44］王英英，陈继先．基于“零库存”模式的阶梯式供应链管理体系研究［J］．全国流通经济，2023（20）：72－75.

［45］吴育国．H公司库存周转率提高措施及方法［J］．城市燃气，2015（01）：21－22.

［46］孙习亮，肖珩．零库存供应模式下企业风险管理研究［J］．西部财会，2019（08）：62－64.

［47］史丽月．戴尔零库存管理模式研究［J］．管理会计，2015（07）：14.

[48] 王瑜. 精益管理在企业采购及库存管理中的运用研究 [J]. 中国管理信息化, 2019, 22 (16): 124 - 125.

[49] 刘宝荣. 论建筑供应链下的施工材料采购管理 [J]. 建材与装饰, 2016 (10): 179 - 180.

[50] 陶彦名. 企业零库存管理的认识误区与适用问题探析 [J]. 企业研究, 2017 (11): 61 - 63.

[51] 徐瑛. 加强存货管理 降低企业资金占用成本 [J]. 石油化工管理干部学院学报, 2003 (03): 53 - 55.

[52] 林俊飞. ABC 分类法在企业费用管理中的应用探究 [J]. 企业改革与管理, 2021 (16): 198 - 199.

[53] 杨方燕, 郭钢. 基于 ABC 分类的安全库存优化算法研究 [J]. 中国制造业信息化, 2004 (01): 83 - 86.

[54] 张江华, 李晋红. 基于 AHP 和 ABC 分类管理法相结合的存货管理分析 [J]. 机械管理开发, 2011 (02): 154 - 155.

[55] 冯琳. 二维 ABC 分类法在配送中心商品品类管理中的应用 [J]. 对外经贸, 2013 (10): 119 - 121.

[56] 徐新娴. ABC 分类法及最优库存管理模式在瑞联德公司的应用 [J]. 全国流通经济, 2020 (04): 13 - 15.

[57] 傅玉颖, 潘晓弘. 模糊不确定下多物料库存控制与生产批量优化 [J]. 浙江大学学报 (工学版), 2008 (06): 1046 - 1050.

[58] 曹黄金, 柴跃廷, 刘义. 随机需求条件下库存管理模型及灵敏度分析 [J]. 清华大学学报 (自然科学版), 2012, 52 (11): 1513 - 1517.

[59] 关成斌. 基于数据分析法的超限经济订货批量 [J]. 物流技术, 2022, 41 (10): 83 - 86, 137.

[60] 张立清, 卓先智. 基于 TCO 的轨道交通供应商管理优化研究 [J]. 经济研究导刊, 2017 (06): 88 - 89.

[61] 陈志祥, 马岚. 基于 TCO 模式的采购成本分析法的应用研究 [J]. 工业工程, 2006 (02): 58 - 63.

[62] 高山，李利纳．基于供应商合作的采购总拥有成本控制研究[J]．物流工程与管理，2013，35（01）：57－60，65.

[63] 何悦．基于TCO理论选择与评价供应商——兼论降低采购成本[J]．西部财会，2015（10）：25－28.

[64] 崔秀芳，陈奇，甘彩芝．TCO在采购成本管理中的应用研究[J]．招标采购管理，2021（11）：41－44.

专著类：

[1] 杨赞，蹇令香．采购与库存管理[M]．大连：东北财经大学出版社，2008.

[2] 沈东山，张小新．出版企业财务管理专题研究[M]．武汉：华中师范大学出版社，2015.

[3] 中华人民共和国财政部．企业会计准则[M]．上海：立信会计出版社，2024.

[4] 冯巧根，冯圆主编．成本会计[M]．北京：中国人民大学出版社，2013.

[5]（德）Stefan Seuring，（德）Maria Goldbach 主编，郭晓飞译．供应链成本管理[M]．北京：清华大学出版社，2004.

其他类：

[1] 刘方涛．JIT生产模式下第三方汽车物流零部件库存控制研究[D]．重庆交通大学，2016.

[2] 肖国柱．基于供应链的Z公司采购成本控制研究[D]．广东工业大学，2016.

[3] 曹艳．总拥有成本在TTS公司采购成本管理的应用研究[D]．上海交通大学，2010.

[4] 智研咨询．2022—2028年中国汽车玻璃行业投资机会分析及市

场前景趋势报告［R］. 智研咨询，2022－5－13，https：//www. chyxx. com/industry/1108522. html.

［5］元哲咨询．全球主要汽车玻璃市场分析：汽车玻璃市场需求由新车产量与汽车保有量两方面决定［Z］. 元哲咨询，2017－11－1，https：//yuanzhezixun. com/quanqiuzhuyaoqichebolishichangfenxi/.

［6］黄秀瑜，刘兴文．汽车玻璃行业研究：竞争格局静中有动，国内龙头有望弯道超车期［Z］. 东莞证券，2021－4－14，https：//xueqiu. com/9508834377/177074156.

［7］智研咨询．2024－2030 年中国汽车玻璃行业投资机会分析及市场前景趋势报告［R］. 智研咨询，2024，https：//www. chyxx. com/research/202110/979952. html.

［8］QYResearch. 2023 年全球汽车玻璃行业总体规模、主要企业国内外市场占有率及排名［R］. QYResearch，2023－08－24，https：//www. qyresearch. com. cn/reports/2648845/automotive－glass.

［9］财富商业洞察．汽车玻璃市场规模、份额和行业分析，按玻璃类型、按应用、按车辆类型以及 2024－2032 年区域预测［R］. 财富商业洞察，2024－5－24，https：//www. fortunebusinessinsights. com/zh/automotive－glass－market－102579.